레디메이드 인생

채만식

논 이야기 / 치숙 / 순공 있는 일요일 /
소망 / 세 길로 / 쑥국새 / 용동댁의 경우

SR&B(새로본닷컴)

신윤복의 〈씨름도〉

〈베스트 논술 한국대표문학(전60권)〉을 펴내며

어린 시절의 독서는 평생의 이성과 열정을 보장해 줄 에너지의 탱크를 채우는 일입니다. 인생의 지표를 세울 수 있는 가장 믿을 만한 방법이기도 합니다.

새로 접하는 사물의 이치를 터득하려면 그 정보를 대뇌 속에 담는 프로그램이 마련되어 있어야 합니다. 그 프로그램을 구축하는 가장 효과적인 방법이 지속적인 독서입니다. 독서는 책과 나의 쌍방향적인 대화이며 만남이며 스킨십입니다.

그러나 단순한 독서만으로는 생각하는 힘과 정확히 표현하는 힘을 키울 수 없습니다. 〈베스트 논술 한국대표문학〉은 이에 유의하여 다음과 같이 편찬하였습니다.

① 초 · 중 · 고 교과서에 실린 고전 및 현대 문학 작품부터 〈삼국유사〉, 〈난중일기〉, 〈목민심서〉 등 우리의 정신을 일깨워 주고 우리에게 지혜와 용기를 준 '위대한 한국 고전'에 이르기까지 한 권 한 권을 가려 뽑았습니다.

② 각 권의 내용과 특성을 분석하여, '작가와 작품 스터디', '논술 가이드' 등을 덧붙여 생각하는 힘, 표현하는 힘을 키울 수 있도록 각 분야의 권위 학자, 논술 전문가들이 심혈을 기울였습니다.

③ 특히 현대 문학 부문은 최근 학계에서, 이 때까지의 오류를 바로잡아 정확한 텍스트를 확정한 것을 반영하였고, 고전 부문은 쉽고 아름다운 현대 국어로 재현하였습니다.

④ 각 작품에 관련된 작가의 고향을 비롯한 작품의 배경, 작품의 참고 자료 등을 일일이 답사 촬영하거나 수집 · 정리하여 화보로 꾸몄고, 각 작품의 갈피갈피마다 아름다운 그림을 넣어, 작품에 좀더 친근감 있게 접근할 수 있도록 하였습니다.

이 〈베스트 논술 한국대표문학〉이 여러분이 '큰 사람', '슬기로운 사람'이 되는 데 충실한 밑거름이 되기를 바랍니다.

〈베스트 논술 한국대표문학〉 편찬위원회

동아일보 기자로 활동하던
때의 채만식

중앙 고보 재학 시절의 학우들과 함께한 채만식

와세다 대학 축구단 일원으로 활약하던 때의 채만식(뒷줄 오른쪽 세 번째)

개성에 칩거하여 창작에
전념하던 시절의 채만식

와세다 대학 축구 선수 시절의 채만식　출판 당시의 〈탁류〉 표지

군산 계남 마을에 있는 채만식 생가

채만식 문학관
내 전시실

군산 월명 공원에 있는 채만식 문학비

채만식 문학관

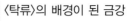
〈탁류〉의 배경이 된 금강

채만식의 장편 소설 〈탁류〉에 등장하는 째보 선창

채만식의 묘

채만식 묘비

차례

레디메이드 인생 / 12

논 이야기 / 50

치숙 / 78

순공 있는 일요일 / 102

소망 / 136

세 길로 / 154

쑥국새 / 164

용동댁의 경우 / 180

작가와 작품 스터디 / 204

논술 가이드 / 206

레디메이드 인생

레디메이드*인생

1

"머 어데 빈 자리가 있어야지."

K사장은 안락 의자에 푹신 파묻힌 몸을 뒤로 벌떡 젖히며 하품을 하듯이 시원찮게 대답을 한다. 미상불 그는 두 팔을 쭉 내뻗고 기지개라도 한 번 쓰고 싶은 것을 겨우 참는 눈치다.

이 K사장과 둥근 탁자를 사이에 두고 공손히 마주 앉아 얼굴에는 '나는 선배인 선생님을 극히 존경하고 앙모*합니다.' 하는 비굴한 미소를 띠고 있는, 구변 없는 구변을 다하여 직업 동냥의 구걸 문구를 기다랗게 늘어놓던 P……. P는 그러나 취직 운동에 백전 백패의 노졸*인지라 K씨의 힘 아니 드는 한 마디의 거절에도 새삼스럽게 실망도 아니 한다. 대답이 그렇게 나왔으니 인제 더 졸라도 별수가 없는 것이지만 허실 삼아 한 마디 더 해 보는 것이다.

---

* 레디메이드(ready-made) 기성품.
* 앙모(仰慕) 우러러 사모함.
* 노졸(老卒) 노병. 늙은 병사. 또는 군대에 오래 있어서 경험이 많고 노숙한 병사.

"글쎄올시다. 그러시다면 지금 당장 어떻게 해 주십사고 무리하게 조를 수야 있겠습니까마는……. 그러면 이담에 결원이 있다든지 하면 그 때는 꼭……."

이렇게 말하고 P는 지금까지 외면하였던 얼굴을 돌리어 K사장을 조심성 있게 바라보았다. 그러나 K사장은 위선 고개를 좌우로 두어 번 흔들고는 여전히 하품 섞인 대답을 한다.

"결원이 그렇게 나나 어데……. 그리고 간혹 가다가 결원이 난다더래도 유력한 후보자가 몇십 명씩 밀려 있어서……."

P는 아무 말도 아니하고 고개를 숙였다. 인제는 영영 틀어진 것이다. '안녕히 계십시오.' 하고 일어서는 것밖에는 별수가 없다.

별수가 없이 되었으니 '네 그렇습니까.' 하고 선선히 일어서야 할 것이지만 지금까지의 은근히 모시고 있던 태도에 비하여 그것이 너무 낯간지러운 표변*임을 알기 때문에 실망이나 하는 체하고 잠시 더 앉아 있는 것이다.

"거 참 큰일들났어."

K사장은 P가 낙심해하는 것을 보고 밑천이 들지 아니하는 일이라서 알뜰히 걱정을 나누어 준다.

"저렇게 좋은 청년들이 일거리가 없어서 저렇게들 애를 쓰니."

P는 속으로 코똥*을 '흥' 하고 뀌었으나 아무 대답도 아니 하였다.

K사장은 P가 이미 더 조르지 아니하리라고 안심한지라 먼저 하품 섞어 '빈 자리가 있어야지.' 하던 시원찮은 태도는 버리고 그가 늘 흉중*에 묻어 두었다가 청년들에게 한바탕씩 해 들려 주는 훈화*를 꺼낸다.

"그렇지만 내가 늘 말하는 것인데……. 저렇게 취직만 하려고 애를

* 표변(豹變) 언행이나 태도, 의견 등이 이전과 뚜렷이 달라짐을 이르는 말.
* 코똥 '콧방귀'의 사투리.
* 흉중(胸中) 마음에 두고 있는 생각.
* 훈화(訓話) 교훈이나 훈시하는 말.

쓸 게 아니야. 도회지에서 월급 생활을 하려고 할 것만이 아니라 농촌으로 돌아가서……."

"농촌으로 돌아가서 무얼 합니까?"

P는 말 중동*을 갈라 불쑥 반문하였다. 그는 기왕 취직 운동은 글러진 것이니 속 시원하게 시비라도 해 보고 싶은 것이다.

"허! 저게 다 모르는 소리야……. 조선은 농업국이요 농민이 전 인구의 팔 할이나 되니까 조선 문제는 즉, 농촌 문제라고 볼 수가 있는데, 아 지금 농촌에서 할 일이 오죽이나 많다구?"

"저는 그 말씀 잘 못 알아듣겠는데요. 저희 같은 사람이 농촌에 가서할 일이 있을 것 같잖습니다."

"그럴 리가 있나! 가령 응…… 저……."

K사장은 응…… 저…… 하고 더듬으면서 곧 대답을 하지 못한다. 그것은 무리가 아니다. 그가 구직하러 오는 지식 청년들에게 농촌으로 돌아가 농촌 사업을 하라는 것과(다음에 또 꺼내는 일거리를 만들라는 것은) 결코 현실에서 출발한 이론적 근거가 있는 것이 아니었다. 그저 지식 계급의 구직꾼이 넘치는 것을 보고 막연히 '농촌으로 돌아가라' '일을 만들어라' 고 해 왔을 따름이다. 따라서 거기에 대한 구체적 '플랜' 이 있는 것도 아니었던 것이다. 한편으로는 한 행세거리로 또 한편으로는 구직꾼 격퇴의 수단으로 자룡이 헌 창 쓰듯* 썼을 뿐이지——.

그리하여 그 동안까지는 대개는 그 막연한 설교를 들은 성 만 성 하고 물러가는 것이 그들의 행투였는데, 오늘 이 P에게만은 그렇지가 아니하여 불가불* 구체적 설명을 해 주어야 하게 말머리가 돌아선 것이다. 그래서 그는 떠듬떠듬 생각해 가면서 생각나는 대로 주워 섬기는

---

* **중동** 사물의 중간 부분.
* **자룡이 헌 창 쓰 듯 한다** 조자룡이 적군의 창을 쉴새없이 빼앗아서 계속 써 댔던 것처럼, 물건이나 돈을 마구 헤프게 쓰는 것을 뜻함.
* **불가불**(不可不) 부득불. 마지못하여 결국.

것이다.

"가령 응…… 저…… 문맹 퇴치 운동도 있지. 농민의 구 할은 언문도 모른단 말이야! 그러고 생활 개선 운동도 좋고…… 헌신적으로."

"헌신적으로요?"

"그렇지……. 할 테면 헌신적으로 해야지."

"무얼 먹고 헌신적으로 그런 사업을 합니까?…… 먹을 것이 있어서 그런 농촌 사업이라도 할 신세라면 이렇게 취직을 못해서 애를 쓰겠습니까?"

"허! 그게 안 된 생각이야……. 자기가 먹고 살 재산이 있으면서 사회를 위해서 일도 아니 하고 번들번들 논다는 것은, 그것은 타락된 생각이야."

P는 K사장이 억담을 내세우는 것을 보고 속으로 싱그레 웃었다.

"그렇지만 지금 조선 농촌에서는 문맹 퇴치니 생활 개선이니 합네 하고 손끝이 하얀 대학이나 전문 학교 졸업생들이 몰켜오는 것을 그다지 반겨하기는커녕 머릿살을 앓을 것입니다……. 농민이 우매하다든지 문화가 뒤떨어졌다든지 또 생활이 비참한 것이 근본 원인이 기역니은을 모른다든가 생활 개선을 할 줄 몰라서 그런 것이 아니니까요. 그리고 조선의 지식 청년들이 모두 그런 인도주의자가 되여집니까?"

"되면 되지 안 될 건 무어야?"

"그건 인도주의란 그것이 한개(한낱) 공상이니까 그렇겠지요."

"허허……. 그러면 P군은 ××주의잔가?"

"되다가 찌부러진 찌스레깁니다. 철저한 ××주의자라면 이렇게 선생님한테 와서 취직 운동도 아니 합니다."

"못써! 그렇게 과격한 사상으로 기울어서야 쓰나……. 정 농촌으로 돌아가기가 싫거든 서울서라도 몇 사람 맘 맞는 사람이 모여서 무슨 일을 —— 조선에 신문이 모자라니 신문을 하나 경영하든지, 또 조고

맞게 하자면 잡지 같은 것도 좋고, 또 영리 사업도 좋고……. 그러면 취직 운동 하는 것보담 훨씬 낫잖은가?"

"좋 줄이야 압니다마는 누가 돈을 내놉니까?"

"그거야 성의 있게 하면 자연 돈도 생기는 거지."

P는 엉터리 없는 수작을 더 하기가 싫어 웬만큼 말을 끊고 일어섰다. 속에 있는 말을 어느 정도까지 활활 해 준 것이 시원은 하나 또 취직이 글렀구나 생각하니 입 안에서 쓴 침이 고여 나온다.

복도에서 편집국장 C를 만났다. P는 C와 자별히* 사이가 가까운 터였다.

"사장 만나러 왔소?"

C는 묻는 것이다.

"아니."

P는 거짓말을 하였다. 그는 지금 K사장을 만나 거절당한 이야기를 하기가 어쩐지 창피하기도 할 뿐 아니라, 또 전부터 C더러 K사장에게 자기의 취직 운동을 부탁해 왔던 터인데, 직접 이렇게 찾아와서 만났다고 하기가 혐의쩍기도* 하여 시치미를 뚝 뗀 것이다.

"아주 단념하오."

C 자기에게 부탁한 취직 운동을 단념하란 말이다. 그러면 벌써 C가 K사장에게 이야기를 하였고 그 결과 일이 틀어진 것을 P는 모르고 와서 헛노릇을 한바탕 한 것이다. P는 먼저 C를 만나 보지 아니하고 K사장를 만난 것을 후회하였다. C는 잠깐 멈췄던 말을 계속한다.

"어제 아침에 사장더러 P군의 사정이 퍽 난처하니 어떻게 생각해 봐 주면 좋겠다고 여러 말을 했다가 코 떼었소. 신문사가 구제 기관이 아닌데 남의 사정 난처한 것을 어떻게 하라느냐고 그럽디다……. 하

---

* 자별(自別)하다 본디부터 남다르고 특별하다.
* 혐의(嫌疑)쩍다 꺼리고 싫어할 만한 점이 있다.

기야 그게 옳은 말이지만 ——.”

신문사가 구제 기관이 아니라고 한다는 그 말이 P의 머리에는 침 끝으로 찌르는 것같이 정신이 들게 울렸다.

“흥! 망할 자식들!”

P는 혼자말로 이렇게 두덜거리며* C와 작별도 아니하고 밖으로 나와 버렸다.

2

P는 광화문 네거리의 기념 비각 옆에서 발길을 멈추고 망설였다. 어디로 갈까 하는 것이다.

봄 하늘이 맑게 개었다. 햇볕이 살이 올라 포근히 온몸을 싸고 돈다. 덕석* 같은 겨울 외투를 벗어 버리고 말쑥말쑥하게 새로 지은 경쾌한 춘추복의 젊은이들이 봄볕처럼 명랑하게 오고 가고 한다.

멋쟁이로 차린 여자들의 목도리가 나비같이 보드랍게 나부낀다. 그 오동보동한 비단 다리를 바라다보노라니 P는 전에 먹던 ‘치킨 카츠(닭고기 위에 빵가루를 묻혀 튀긴 요리. 치킨 커틀릿)’가 생각이 났다.

창을 활활 열어젖힌 전차 속의 봄 사람들을 보니 P도 전차를 잡아타고 교외나 나가고 싶었다. 그러나 크림 맛을 못 본 지 몇 달이 된 낡은 구두, 고기작거린 동복 바지, 양편 포켓이 오뉴월 쇠불알같이 축 처진 양복 저고리, 땟국 묻은 와이셔츠와 배배 꼬인 넥타이, 엿장수가 이 전 어치 주마던 낡은 모자, 이렇게 아래로부터 훑어 올려보며 생각하니 교외의 산보는커녕 얼핏 돌아가서 차라리 이불을 뒤쓰고 드러눕고만 싶었다.

---

* 두덜거리다 남이 알아듣기 어려울 정도의 낮은 목소리로 자꾸 불평을 하다.
* 덕석 추울 때에 소의 등을 덮어 주는 멍석.

마침 기념 비각 앞에 자동차 하나가 머물더니 서양 사람 내외가 내린다. 그들은 사내가 설명을 하고 여자가 듣고 하면서 기념 비각을 앞뒤로 구경한다. 여자는 사진까지 찍는다.

대원군이 만일 이 꼴을 본다면……. 이렇게 생각하매 P는 저절로 미소가 입가에 떠올랐다.

3

대원군은 한말의 '돈 키호테'였다. 그는 바가지를 쓰고 벼락을 막으려 하였다. 바가지는 여지없이 부스러졌다. 역사는 조선이라는 조그마한 땅덩이나마 너무 오래 뒤떨어뜨려 놓지 아니하였다.

갑신정변에 싹이 트기 시작하여 가지고 한일합방의 급격한 역사적 변천을 거쳐 자유주의의 사조는 기미년에 비로소 확실한 걸음을 내디뎠다.

자유주의의 새로운 깃발을 내건 시민의 기세는 등등하였다.

"양반? 흥! 누구는 발이 하나길래 너희만 양발(반)이라느냐?"

"법률의 앞에서는 만인이 평등이다."

"돈…… 돈이 있으면 무어든지 할 수 있다."

신흥 부르주아지는 민주주의의 간판을 이용하여 노동자 농민의 등을 어루만지고 경제적으로 유력한 봉건 귀족과 악수를 하는 동시에 지식 계급을 대량으로 주문하였다.

유자천금이 불여교자일권서*라는 봉건 시대의 진리가 자유주의의 세례를 받아 일단의 더 발전된 얼굴로 민중을 열광시켰다.

"배워라. 글을 배워라……. 지식만 있으면 누구나 양반이 되고 잘 살

---

* 유자천금(遺子千金)이 불여교자일권서(不如敎子一卷書)　자식에게 많은 돈을 물려주는 것보다 한 권의 책을 가르치는 것이 낫다.

수가 있다.”

이러한 정열의 외침이 방방곡곡에서 소스라쳐 일어났다.

신문과 잡지가 붓이 닳도록 향학열*을 고취하고 피가 끓는 지사들이 향촌으로 돌아다니며 삼촌의 혀*를 놀리어 권학을 부르짖었다.

“배워라. 배워야 한다. 상놈도 배우면 양반이 된다.”

“가르쳐라. 논밭을 팔고 집을 팔아서라도 가르쳐라. 그나마도 못 하면 고학이라도 해야 한다.”

“공자왈 맹자왈은 이미 시대가 늦었다. 상투를 깎고 신학문을 배워라.”

“야학을 설치하여라.”

재등 총독이 문화 정치의 간판을 내걸고 골고루 학교를 증설하였다.

보통 학교의 교장이 감발을 하고 촌으로 돌아다니며 입학을 권유하였다. 생도에게는 월사금을 받기는커녕 교과서와 학용품을 대 주었다.

민간의 유지는 돈을 걷어 학교를 세웠다. 민립 대학도 생기려다가 말았다. 청년회에서 야학을 설시하였다. 갈돕회*가 생겨 갈돕 만주 외우는 소리가 서울의 신풍경을 이루었고 일반은 고학생을 존경하였다.

여학생이라는 새 숙어가 생기고 신여성이라는 새 여인이 생겨났다.

이와 같이 조선의 관민이 일치되어 민중의 지식 정도를 높이는 데 진력을 하였다. 즉 그들 관민이 일치되어 계획한 조선의 문화 정도는 급속도로 높아갔다.

그리하여 민중의 지식 보급에 애쓴 보람은 나타났다.

면서기를 공급하고 순사를 공급하고 군청 고원을 공급하고 간이 농업 학교 출신의 농사 개량 기수를 공급하였다.

---

* 향학열(向學熱) 학문을 하려는 열의.
* 삼촌(三寸)의 혀 세 치의 길이밖에 안 되는 사람의 짧은 혀.
* 갈돕회 동경 고학생 순회 연극단 이름.

은행원이 생기고 회사원이 생겼다. 학교 교원이 생기고 교회의 목사가 생겼다. 신문 기자가 생기고 잡지 기자가 생겼다. 민중의 지식 정도가 높았으니 신문 잡지 독자가 부쩍 늘고 의사와 변호사의 벌이가 윤택해졌다. 소설가가 원고료를 얻어먹고 미술가가 그림을 팔아먹고 음악가가 광대의 천호*에서 벗어났다. 인쇄소와 책장사가 세월을 만나고 양복점 구둣방이 늘비해졌다. 연애 결혼에 목사님의 부수입이 생기고 문화 주택을 짓느라고 청부업자가 부자가 되었다. 그리하여 부르주아지는 가보를 잡고 공부한 일부의 지식꾼은 진주(다섯끗)를 잡았다.

그러나 노동자와 농민은 무대를 잡았다. 그들에게는 조선 문화의 향상이나 민족적 발전이나가 도리어 무거운 짐을 지워 주었을지언정 덜어 주지는 아니하였다. 그들은 배 주고 속 얻어먹은 셈이다.

(일제시 20여 자 삭제됨. 편자주)

인텔리*…… 인텔리 중에도 아무런 손끝의 기술이 없이 대학이나 전문 학교의 졸업 증서 한 장을 또는 조그마한 보통 상식을 가진 직업 없는 인텔리……. 해마다 천여 명씩 늘어 가는 인텔리……. 뱀을 본* 것은 이들 인텔리다.

부르주아지의 모든 기관이 포화 상태가 되어 더 수요가 아니 되니 그들은 결국 꾐을 받아 나무에 올라갔다가 흔들리우는 셈이다. 개밥의 도토리다. 인텔리가 아니되었으면 차라리(7~8자 삭제됨.) 노동자가 되었을 것인데 인텔리인지라 그 속에는 들어갔다가도 도로 달아나오는 것이 99퍼센트다. 그 나머지는 모두 어깨가 축 처진 무직 인텔리요, 무기력한 문화 예비군 속에서 푸른 한숨만 쉬는 초상집의 주인 없는 개들이다. 레디메이드 인생이다.

---

* 천호(賤號) 천시하여 부르는 이름.
* 인텔리 인텔리겐치아(intelligentsia)의 준말. 지적 노동에 종사하는 사회층. 지식 계급
* 뱀을 보다 잘못 대하거나 크게 봉변을 당하다.

4

"제길!"

P는 혼자 두덜거리며 지금까지 섰던 기념 비각 옆을 떠났다.

(80여 자 삭제)

P는 자기 자신이고 세상의 모든 일이고 모두 짜증이 나고 원수스러웠다.

광화문 큰 거리를 총독부 쪽으로 어실어실 걸어가노라니 그의 그림자가 짤막하게 앞에 누워 간다. P는 그 자기의 그림자를 콱 밟고 싶었다. 그러나 발을 내디디면 그림자도 그만큼 앞으로 더 나가곤 한다. 이 그림자와 자기 자신에서 그리고 그림자를 밟으려는 자기 자신과 앞으로 달아나는 그림자에서 P는 자기의 이중 인격의 모순상을 발견하였다. 동십자각 옆에까지 온 P는 그 건너편 담배가게 앞으로 갔다.

"담배 한 갑 주시오."

하고 돈을 꺼내려니까 담배가게 주인이,

"네, 마콥니까?"

묻는다.

P는 담배가게 주인을 한 번 거들떠보고 다시 자기의 행색을 내려 훑어보다가 심술이 버쩍 났다. 그래서 잔돈으로 꺼내려던 것을 일부러 일 원짜리로 꺼내 드는데 담배가게 주인은 벌써 마코 한 갑 위에다 성냥을 받쳐 내민다.

"해태 주어요."

P는 돈을 들이밀면서 볼멘소리를 질렀다. 그러나 담배가게 주인은 그저 무신경하게,

"네!"

하고는 마코를 해태로 바꾸어 주고 팔십오 전을 거슬러다 준다.

P는 저편이 무렴해하지* 아니하는 것이 더욱 얄미웠다.

그는 해태 한 개를 꺼내어 붙여 물고 다시 전찻길을 건너 개천가로 해서 올라갔다. 인제는 포켓 속에 남은 것이 꼭 삼 원하고 동전 몇 푼이다. 엊그제 겨울 외투를 사 원에 잡혀서 생긴 것이다.

방세와 전기불 값이 두 달치나 밀렸다. 삼 원은 방세 한 달치를 주고 일 원에서 전등 삯 한 달치를 주고 싶었으나 그러고 나면 나머지로 설렁탕이나 호떡을 사먹어도 하루밖에는 못 지낸다. 그래 그대로 넣어 두고 한 이틀 지내는 동안에 일 원이 거진 달아났던 판인데 공연한 객기를 부리느라고 당치도 아니한 해태를 샀기 때문에 인제는 일 원 돈은 완전히 달아나고 삼 원만 남은 것이다.

P는 포켓 속에 손을 넣고 잔돈과 지폐를 섞어 삼 원 남은 돈을 만지작거렸다. 그러면서 왼편 손으로는 손가락을 꼽아 가며 삼 원을 곱쟁이 쳐 보았다.

육 원, 십이 원, 이십사 원, 사십팔 원, 구십육 원, 백 구십이 원, 팔 원 모자라는 이백 원……사백 원, 팔백 원, 일천육백 원, 삼천이백 원, 육천사백 원, 일만이천팔백 원, 팔백 원은 떼어 버리고 이만사천 원, 사만팔천 원, 구만육천 원, 십구만이천 원, 삼십팔만사천 원, 칠십육만팔천 원, 일백오십삼만육천 원…….

삼 원을 열여덟 번만 곱집으면 일백오십삼만 원이 된다. 일백오십삼만 원 그놈이 있으면……. 이렇게 생각하매 어깨가 으쓱해졌다.

삼 원의 열여덟 곱쟁이가 일백오십만 원이니 퍽 쉬운 일이다……. 그놈만 있으면 백만 원을 들여서 오십 전짜리 십육 페이지 신문을 하나 했으면 위선 K사장의 엉엉 우는 꼴을 볼 수가 있을 것이다.

그러나 아쉬운 대로 십오만 원만 있어도, 일만오천 원 아니 일천오백

---

* 무렴(無廉)해하다 염치가 없음을 느껴 거북해하다.

원만 있어도 아니 일백오십 원만 있어도 십오 원만 있어도 위선 방세와 전등 삯을 주고 한 달은 살아가겠다.

P는 한숨을 내쉬었다. 한 달? 한 달만 살고 나면 그 담은 어떻게 하나?……그대로 몇백 원은 있어야지 아니 몇천 원은, 아니 몇만 원은…….

P는 늘 하는 버릇으로 이런 터무니없는 공상을 되풀이하였다.

그는 최근 이러한 공상을 하면서부터 취직을 시들하게 여겼다.

취직이 된댔자 사오십 원이나 오륙십 원의 월급이다. 그것을 가지고 빠듯빠듯 살아간들 무슨 아기자기한 재미가 있을 턱도 없는 것이다. 가령 근실히 해서 월괘 저금* 같은 것도 하고 집도 장만하고 여편네도 생기고 사장이나 중역들의 눈에 들어 지위도 부장쯤으로는 올라가고, 그리하여 생활의 근거도 안정이 되고 하면 지금 같은 곤란은 당하지 아니하겠지만 그러나 P에게는 아직도 젊은 때의 야심이 있어 그러한 고식* 된 안정이나 명색 없는 생활은 도리어 피하고 싶었던 것이다. 좀더 남의 눈에 띄며 좀더 재미있고 그리고 자유로운 생활 ——.

물론 그는 지금이라도 누가 한 달에 삼십 원만 줄 테니 와서 일을 해 달라면 마치 주린 개가 고기를 보고 덤비듯이 덮어놓고 덤벼들 것이다. 그러나 속으로는 그와는 딴판으로 배포를 부리고 있는 것이다.

P가 삼청동으로 올라가느라고 건춘문 앞까지 이르렀을 때에 저편에서 말쑥하게 봄 치장을 한 여자 하나가 마주 내려왔다.

역시 삼청동 근처에 사는 여자인지 P와는 가끔 마주치는 여자다.

P는 그 여자와 만날 때마다 일부러 눈 익혀 보지 아니하는 체는 하면서도 실상은 고비샅샅* 관찰을 하였고, 그리고 속으로는 연애라도 좀 했으면 하던 터였다. 무엇보다도 동그스름한 얼굴에 이목구비가 모두

---

* **월괘 저금**(月掛 貯金) 매달 정해 놓고 하는 저금.
* **고식**(姑息) 근본 해결이 아닌 일시적인 임시 변통.
* **고비샅샅** 고샅고샅. 즉 '구석구석마다' 라는 뜻.

모지지 아니하고 얼굴의 윤곽이 동글듯이 모가 나지 아니한 것, 그래서 맘자리도 그렇게 동글려니 하는 것이 P의 마음을 끈 것이다.

그 여자는 자주 만나는 이 협수룩한 양복쟁이 —— P를 먼빛으로도 알아보았는지 처녀다운 조심스런 몸매로 길을 가로 비켜 가까이 왔다.

P는 고개를 꼿꼿이 쳐들고 앞만 쳐다보면서도 속으로는,

'저 여자가 지금 내 옆으로 다가와서 조그만 소리로 정답게 구애를 한다면? 사뭇 들이 안긴다면?…… 어쩔꼬?'

이런 생각을 하면서 히죽이 웃는데 여자는 벌써 지나쳐 버렸다.

"흥! 어쩌긴 무얼 어째?…… 이년아, 일없다는데 왜 이래! 하고 발길로 칵 차 내던지지."

하고 P는 어깨를 으쓱하였다.

삼청동 꼭대기에 있는 집 —— 집이 아니라 사글세로 든 행랑방 —— 에 돌아왔다. 객지에 혼자 있으니 웬만하면 하숙에 있을 것이로되 밥값이 밀리고 그것에 졸릴 것이 무서워 P는 방을 얻어 가지고 있던 것이다. 먹는 것이야 수중에 돈이 있는 때에 따라 호떡도 설렁탕도 백화점의 런치도, 그렇잖고 몇 끼씩 굶기도 하여 대중이 없었다. 볕 구경을 잘 못 해서 겨울에도 곰팡이가 슬고 이불을 며칠씩 그대로 펴 두는 방바닥에서는 먼지가 풀씬풀씬 올랐다.

하도 어설퍼 앉으려고도 아니하고 방 가운데 우두커니 서서 있노라니까 안방 문 여닫는 소리가 들리며 주인 노파가 나와서 캑 하고 기침을 한다. P는 또 방세 졸릴 일이 아득하였다. 그러나 노파는 방세보다도 우선 편지 한 장을 들이밀어 준다. 고향의 형에게서 온 것이다.

편지를 뜯어 읽고 난 P는 말가웃*이나 되게 한숨을 푸 내쉬었다. 그러고는 편지를 박박 찢어 버렸다.

---

* 말가웃 한 말하고 반 말, 곧 한 말과 반 말을 합친 양.

5

편지의 요건은 P의 아들에 관한 것이다. P에게는 연전*에 갈린 아내와의 사이에 생긴 창선이라는 아들이 있다. 금년에 아홉 살이다.

아내와 갈릴 때에 저편에서 다만 어린애만이라도 주었으면 그것을 데리고 길러 가는 재미로 혼자 사는 세상에 낙을 붙이겠다고 사정하였다. 그리고 적어도 중학까지는 마치게 하겠다는 것이었다.

그렇게 했으면 P도 한짐을 덜었을 것이다. 그러나 그는 듣지 아니하였다.

어릴 적부터 소박데기 어미의 손에서 아비의 원망과 푸념을 들어가면서 자란 자식은 자란 뒤에 그 아비에게 호감을 가지지 못한다. P는 자식을 꼭 찾고 싶은 것은 아니나 아무튼 장성하면 아비라고 찾아올 터인데 그 때에 P는 이미 늙고 자식은 팔팔하게 젊은 놈이 제 어미를 소박한 아비라서 아니꼽게 군다면 그것은 차마 못 당할 노릇이다.

이러한 생각으로 P는 창선이를 내 주지 아니한 것이다. 그러나 빼앗아 놓고 보니 인제 겨우 너덧 살밖에 아니 먹은 것을 자기 손으로 어찌할 수가 없다. 그리하여 할 수 없이 어렵사리 지내는 그 형에게 맡기어 놓고 다시 서울로 올라온 것이다. 보통 학교에 다닐 나이가 되면 서울로 데려오겠다고 해 두고.

P의 형은 작년에 조카를 보통 학교에 입학시켰다. 그러나 극빈 축에 드는 집안인지라 몇 푼 아니 되는 월사금과 학비를 대지 못하여 중도에 퇴학시켰다. 애초에 입학시킬 상의로 P에게 편지를 했을 때에 P는 공부 같은 것은 시켰자 소용이 없으니 차라리 뼈가 보드라운 때부터 생일을 시키라고 하였다. P의 형은 그러나 백부의 도리로나 집안의 체면으

---

* 연전(年前) 몇 해 전.

로나 창선이를 생일을 시킬 수가 없었다. 차라리 자기 손에 두어 헐벗기고 헐입히면서 공부도 시키지 못하느니 제 아비인 P더러 데려가라고 작년부터 편지를 하던 터이다.

금년도 입학 시기가 당하매 P의 형은 P에게 누차 편지를 하였다. 금년에 입학을 시키지 못하면 명년에는 학령이 초과되어 들여 주지 아니할 것이니 어서 데려다가 공부를 시키라는 것이다.

"그 어린것이 굶기를 먹듯 하고 재주는 있으면서 남의 집 아이들이 학교에 다니는 것을 부러워하는 꼴은 차마 애처로워 볼 수가 없다. 차라리 이 꼴 저 꼴 보지 아니하는 것이 속이나 편하겠다."

이번 편지에는 이러한 구절이 있고 끝에 가서,

"여비가 몇 원 변통되면 차를 태우고 전보 칠 테니 정거장에 나와 데려가거라. 나도 웬만하면 객지에 혼자 있는 너에게 어린 자식을 떠맡기듯이 보내겠느냐마는 잘못하다가 그것을 굶겨 죽이겠기에 생각다 못하여 단행하는 것이다."

이러한 말이 쓰여 있었다.

P는 박박 찢은 편지를 돌돌 뭉쳐 방구석에 내던지고 한숨을 푸 내쉬었다.

인제는 자식을 데리고 있기가 피할 수 없이 되었는데, 어떻게 했으면 좋을까 하는 것이다. 그는 형이 원망스럽고 아니꼬웠다.

굳이 제 아비를 따라 보낸다는 것이 아니라 부등부등 공부를 시키라는 것 때문이다. 기왕 서울로 보내나 시골서 데리고 있으나 고생시키기는 일반이니 차라리 시골서 일찍부터 생일이나 시켰으면 P에게는 여러 가지로 좋은 것이었다.

"흥! 체면! 공부! 죽여도 인텔리는 만들잖는다."

P는 혼자 이렇게 두덜거렸다.

"집에서 온 편지유? 무슨 걱정이 생겼수?"

말거리를 찾지 못하여 머뭇거리고 섰던 안방 노인이 동정이나 하는 듯이 이렇게 묻는다.

"아니오."

P는 마지못해 코대답을 하였다.

"필경 무슨 걱정이 생긴 게구려!"

노인은 자기의 말거리를 만들려고 아니라는 데도 이렇게 걱정을 내놓는다.

"그게 모다 가난한 탓이지……. 저렇게 젊고 똑똑한 이가, 저게 모다 가난한 탓이야! 어데 구실 자리 말한다더니 아직 아니 됐수?"

"네, 아직……."

"거 큰일났구려! 어서 돼야 할 텐데……. 나두 꼭 죽겠수……. 이 늙은것이……돈 좀 마련되잖았수……?"

"네, 아직 좀……."

"저걸 어쩌나! 오늘은 물값이야 전기불 값이야 사뭇 받으러 달려들 텐데!"

"메칠만 더 미루십시오. 설마하니 마나님이야 아니 드리겠습니까……."

"아무렴! 실수야 없을 줄 알지만 내가 하도 옹색하니깐 그러는 거지……."

P는 노인이 지껄이게 두어 두고 혼자 생각하였다. 전에 아는 집에서 셋방을 얻어 들었을 때에는 두 달이고 석 달이고 밀려야 조르는 법이 없었다. 밀려도 조르지 아니하는 아는 집……. 이것이 P는 도리어 미안해서 이 곳으로 옮겨온 것이다. 옮겨와 가지고 막상 졸림질을 당하니 미안해도 졸리지는 아니하던 옛집이 그리워지는 것이다.

노인이 문을 가로막고 서서 수다스런 소리로 더 지껄이려고 하는데 마침 P의 동무 M과 H가 찾아왔다.

"어데 나가나?"

M이 그렇잖아도 벌씸한 코를 한 번 더 벌씸하고 사이 벌어진 앞니를 내보이며 싱끗 웃는다.

몸집은 M과 같이 통통하지만 키가 작아 M의 뒤에 가려 섰던 H가 옆으로 나서며,

"안녕합시오."

하고 인사를 한다.

P는 싱끗이 웃었다. 이 M과 H는 같은 하숙에 있는데 두 사람은 곧잘 같이 돌아다닌다. 같이 가는 것을 나란히 세워 놓고 보면 하나는 키가 커서 우뚝하고 하나는 키가 작아서 납작 붙어 가는 것 같다.

얼굴도 M은 우들부들한 게 정객 타입으로 생겼고 —— 잘못하면 복싱 링에 내세워도 좋겠고 —— H는 안존한* 게 사무원 타입이다.

일상의 언행을 보아도 H는 무슨 이야기가 자기 전문인 법률에 관한 것에 다다르면 육법 전서의 조목을 따르르 외우면서 이렇고 저렇고 하다고 설명을 하고 M은 동경서 학생 ××에 제휴를 했던 만큼, 그리고 전문이 정경과인 만큼 좌익 진영에서 쓰는 어투가 그대로 나온다.

"여전히 모두 동색이 창연하군!"

P는 두 사람의 특특한* 겨울 양복을 보고 그리고 자기의 행색을 내려보며 웃었다.

M이 신을 벗고 들어와 먼지 앉은 책상 위에 걸터앉으며,

"춘래불사춘*일세."

하고 한 마디 외운다. H도 따라 들어와 한편에 앉으며 한 마디한다,

"아직 괜찮아⋯⋯. 거리에서 보니까 동복 입은 사람이 많데⋯⋯."

---

* 안존(安存)하다 성품이 얌전하고 조용하다.
* 특특하다 천 따위의 바탕이 촘촘하고 조금 두껍다.
* 춘래불사춘(春來不似春) 봄이 왔으나 봄 같지 않다는 뜻으로, 현실이 어렵고 힘들다는 말.

"괜찮기는 무어 괜찮아……. 우리가 길로 돌아다니니까 사방에서 아이구아야! 소리가 들리데."

"왜?"

"봄이 발 밑에서 짓밟히느라고."

"하하하하."

세 사람은 소리를 내어 웃었다.

"참 시험 본 것 어떻게 되었소?"

P는 H가 일전에 총독부에서 본 고원 채용 시험을 생각하고 물어 보았다.

"말두 마시우……. 인제는 꼭 들어앉어 공부나 해 가지구 변호사 시험이나 치겠소."

사람이 별로 변통성이 없고 그렇다고 여기저기 반연*도 없어 취직이 여의하게 되지 못하는 것을 볼 때 P는 가엾은 생각이 늘 들곤 하였다.

"가만 있게……. 어서 변호사 시험만 파스하게. 그러면 인제 내가 백만 원짜리 주식 회사를 조직해 가지고 자네를 법률 고문으로 모셔옴세."

이것은 M이 늘 농 삼아 하는 농담이다. M도 일 년이나 취직 운동을 하면서 지냈건만 그는 도리어 배포가 유하다. 조금 더 재빠르게 했으면 M은 벌써 취직이 되었을는지도 모르나 그는 타고난 배포와 그리고 남에게 아유구용*을 하기 싫어하는 성질로 말하자면 취직 전선의 낙오자다.

별로 만나야 할 일도 없다. 그러나 제가끔 혼자 있으면 우울해지니까 이렇게 서로 찾으며 자주 만나게 된다. 만나 앉아서 이야기라도 지껄이면 그 동안 만은 명랑하여진다. 지금 서울 안에 P니 M이니 H와 같이 매일 만나 하는 일 없이 돌아다니고 주머니 구석에 돈푼 있으면 서로 털어 선술잔이나 먹고 하는 룸펜*의 패가 수없이 많다.

---

* 반연(絆緣) 얽히어 맺어지는 인연.
* 아유구용(阿諛苟容) 남에게 구차스럽게 굶.
* 룸펜(Lumpen) 독일어에서 온 말로, '실업자', '부랑자' 라는 뜻.

무어나 일을 맡겼으면 불이 버쩍 일게 해 낼 팔팔한 젊은 사내들이다. 그렇건만 그들은 몸을 비비 꼬고 있다.

아무 데도 용납치 못하는 사람들이다. ××적 ××에서 그들을 불러들이기에는 ××적 ××의 주관적 정세가 너무도 미약하다. 그것은 그들의 몇 부분이 동경서 학생으로 있을 시절에는 그 속에서 활발하게 ××을 계속하던 것이 조선에 나오면서 탈리되는 것으로 보아 그러한 해석을 내리지 아니할 수가 없다. 그렇다고 부르주아의 기성 문화 기관에 들어가자니 그 곳에서는 수요를 찾지 아니한다. 레디메이드로 된 존재들이니 아무 때라도 저편에서 필요해야만 몇씩 사들여 간다.

M이 마코를 꺼내 놓고 붙여 문다. P는 포켓 속에 들어 있는 해태를 차마 내놓기가 낯이 따가워 M의 마코를 집어 당겼다.

(80여 자 삭제)

P는 설명을 시작한다. P 자신 그러한 장난 비슷한 공상은 하면서 일단 해 보라고 하면 주저할 것이지만 어쨌거나 그랬으면 통쾌하리라는 것이다.

"먼첨 경무국에 들어가서 아주 까놓고 이야기를 한단 말이야. 우리가 지금 대상으로 하는 것은 총독부가 아니라 조선의 소위 민간측 유지들이니까 간섭을 말어 달라고."

"그러면 관허 메이데이로구만."

"그래 관허도 좋아……. 그래 가지고는 기에다가는 무어라고 쓰느냐 하면 '우리에게 향학열을 고취한 놈이 누구냐? ……어때?"

"좋지!"

"인텔리에게 직업을 내라……. 이렇게 노래를 지어 부르거든."

(1행 삭제)

"응……. 유지와 명사의 가면을 박탈시키라고……. 한 몇십 명이 그렇게 데모를 한단 말이야."

"하하하하."

M은 이렇게 웃고 H는 시원찮게 핀잔을 준다.

"부끄럽소 여보……. 아, 글쎄 멀끔멀끔한 양복쟁이들이 종로 네거리로 기를 받고 그렇게 다녀 봐? 애들이 와서 나 광고지 한 장 주, 하잖나."

"하하하하."

"허허허허."

창 밖에서 냉이장수가 싸구려 소리를 외치고 지나간다. M이 그에 응하여,

"이크! 봄을 덤핑하는구나."

"흥, 경제학자라 달르군……. 참 우리 하숙에서는 채소를 좀 먹여 주어야지!"

"밥값을 잘 내 보지."

"그도 그렇지만."

"나는 석 달치 밀렸네."

"나도 그렇게 될걸."

"그러니까 나처럼 이렇게 아파트 생활을 해요."

이것은 P의 말이다. 아파트라고 말해 놓고도 서글퍼서 허허 웃었다.

"조선식 아파트! 그렇지만 우리가 아파트 생활을 했다면 아마 두어 달 전에 굶어 죽었을걸."

"나는 돈을 보면 초면 인사를 해야 되겠네……. 본 지가 하도 오래서 낯을 잊었어."

"여보게."

하고 M이 의젓하게 H를 달군다.

"돈 구경한 지 오래 됐다지?"

"응."

"존 수가 있네."

"뭣?"

"자네 책 좀 삼사 구락부*에 보내세."

"싫으이."

"자네 돈 구경하고……. 구경하고 나서 그놈으로 한잔 먹고……."

"한잔 말이 났으니 말이지 요즘 같으면 술이나 실컷 먹고 주정이라도
했으면 속이 시원하겠네."

"그러니까 말이야……. 가세. 가서 다섯 권 잽혀."

"일 없다."

"내가 찾아 주지."

"흥."

"정말이야."

"싫여."

6

그 날 밤.

P와 M은 H를 졸라 그의 법률책을 잡혀 돈 육 원을 만들어 가지고 나
섰다.

선술집에 가서 엔간히 취하도록 먹은 뒤 C라는 카페에 가서 술 두 병
을 놓고 자정이 되도록 노닥거렸다.

그 곳에서 나올 때는 육 원 돈이 이 원 남았다. 이 원의 처치를 생각
하다 세 사람은 일제히 동관으로 가기로 하였다.

세 사람이 모두 다리가 비틀거렸다. 그 중에도 P는 더욱 취하였다.

---

* **구락부(俱樂部)**   오락 · 취미 · 친목 등 공통의 목적을 위한 모임인 '클럽(club)'의 한자음 표
기. 여기서는 전당포를 자기들끼리를 다르게 부른 말임.

닐리리 가락으로 들어박힌 갈보집.

다 쓰러져 가는 초가집을 세 사람이 아는 집 들어서듯이 쑥쑥 들어서 니,

"들어옵시오."

"어서 옵시오."

라고 머리 땋은 계집애와 배가 북통 같은 애 밴 계집이 마루로 나선다.

P가 무심결에 해태곽을 꺼내어 붙여 무니까 머리 땋은 계집애가 P의 목을 얼싸안고 볼에다 입을 쪽 맞추더니,

"나도 하나."

하고 손을 벌린다. P는 기가 막혀 담배곽을 내미는데 H와 M은 박수를 하며,

"부라보!"

하고 굉장하게 큰 소리로 외친다.

건넌방에 들어가 앉으니 마루에서 따그락따그락 소리가 난다.

배 부른 계집은 푸대접을 받고 머리 땋은 계집애가 H와 M의 손으로 옮아다니면서 주물린다. 깩깩 소리를 지르며 엄살을 한다. 말을 붙이고 대답을 주고받고 하는 것이 H와 M은 전에 한번 와 본 집인 듯하다.

술상이 들어왔다.

잔은 사발만 한데 술 주전자는 눈알만 하다. 술을 부어 놓으니 M이 척 받아 놓고는 노래를 투정한다. 계집애는 그보다 더 약아 제가 그 술을 쪽 들이마시고는 빈 잔만 M의 입에 대어 준다.

P는 개숫물같이 밍밍한 술을 두어 잔 받아 먹는 동안에 비위가 콱 거슬려서 진정하느라고 드러누웠다. H가 계집애를 무릎에 올려놓고 신이 나게 노래를 부른다. 물론 고저도 장단도 맞지 아니하는 노래다.

M이 애 밴 계집을 실컷 시달려 주다가 머리 땋은 계집애를 빼앗아 가더니 귀에 대고 무어라고 속삭거린다. 그러면서 둘이서 연해 P를 건

너다보며 싱긋벙긋 웃는다.

　조금 있다가 계집애가 P에게로 오더니 귀에다 입을 대고 속삭인다.

　"저이가 나더러 당신하고 오늘 저녁……. 응, 어때?"

　"그래라."

　P는 불쑥 성난 것처럼 대답했다.

　"아이! 싱거워!"

　계집애는 P를 한 번 꼬집어 주고 다시 M에게로 달아났다. M에게로 가서 또 무어라고 속삭거리더니 재차 와 가지고는 귓속말을 한다.

　"자고 가, 응?"

　"그래 글쎄."

　"꼭."

　"응."

　"정말?"

　"응."

　술은 네 주전자가 들어왔는데 세 사람 손님은 두서너 잔씩밖에 아니 먹었다. 그 나머지는 다 저희가 먹었다. 계집애가 술이 곤주가 되게 취해 가지고 해롱해롱 까분다.

　술값을 치르는 것을 보고 P도 따라 일어섰다. M이 몸뚱이로 슬쩍 밀어서 방 안으로 들여보내고 뒤에서 계집애가 뒷깃을 잡아당긴다.

　"그래라, 자고 간다."

　P는 방 가운데 벌떡 드러누웠다.

　"너희 집이 어디냐?"

　계집애가 옆에 와서 앉는 것을 보고 P가 물었다.

　"××도 ××."

　"언제 왔니?"

　"작년에."

P는 몸을 일으켰다. 또 속이 왈칵 뒤집혀 좀더 진정하려고 하는 생각인데 계집애가 콱 밀어뜨린다.

"나이 몇 살이냐?"

"열여덟."

"부모는?"

"부모가 있으면 여기서 이 짓을 해?"

"왜 이 짓이 나쁘냐?"

"흥……나도 사람이야."

"에꾸! 나는 네가 신선인 줄 알았더니 인제 알고 보니까 사람이로구나!"

"드끄러!"

계집애는 눈을 쪽 흘기고는 갑자기 웃으면서 P의 목을 그러안는다.

"자고 가. 응?"

"우리 마누라한테 자볼기(자막대기로 때리는 볼기) 맞고 쫓겨난다."

"그러면 내한테 와서 나하고 살지……. 여기 내 빚 팔십 원만 물어 주면……."

"팔십 원이냐?"

"응."

"가겠다."

P는 또 일어나려는 것을 계집이 껴안고 놓지 아니한다.

"자고 가……내가 반했어."

"아서라."

"정말!"

"놓아."

"아니야, 안 놓아. 자고 가요 응……. 자고……. 나 돈 좀 주어."

"돈? 내가 돈이 있어 보이니?"

"돈 소리가 절렁절렁 나는데?"

미상불* P의 포켓 속에는 아까부터 잔돈 소리가 가끔 잘랑거렸다.

"자고 나 돈 조꼼 주고 가 응?"

"얼마나?"

"암만도 좋아……. 오십 전도, 아니 이십 전도."

계집애의 말이 떨어지기도 전에 P는 불에 덴 것같이 벌떡 일어섰다. 일어서면서 그는 포켓 속에 손을 넣어 있는 대로 돈을 움켜쥐어 방바닥에 홱 내던졌다. 일 원짜리 지전 두 장과 백통전*이 방바닥에 요란스럽게 흐트러진다.

"아따 돈!"

내던지고는 P는 뛰어나왔다. 그의 눈에는 눈물이 고였다.

7

P는 정조적으로 순진한 사나이가 아니다.

열네 살 때에 소꿉질 같은 장가를 갔고 그 뒤 동경 가서 있을 동안에 거기 여자와 살림도 하였다. 조선에 돌아와 직업을 가지고 있는 사이에 기생과 사귀어 한동안 죽을 등 살 등 모르게 지내기도 하였다.

그 밖에도 정 두어 지낸 여자가 두엇 더 있다. 그러나 삼십이 되도록 지금까지 유곽을 가거나 은근짜* 집을 가거나 동관의 색주가* 집에 가서 잠자리를 한 일은 없다.

그것은 P의 괴벽이다. 어떠한 여자를 물론하고 그가 정이 들지 아니한 여자이면 절대로 관계를 아니 한다는 것이다. 그 대신 한번 P의 눈에 들고 따라서 정이 들면 아무것도 돌아보지 아니하고 심각한 열정에

* 미상불(未嘗不) 아닌게아니라 과연.
* 백통전 동전의 한 가지. 백통으로 만든 은빛의 주화.
* 은근짜 몰래 몸을 파는 여자를 속되게 이르는 말. 혹은 의뭉스러운 사람을 이르는 말.
* 색주가(色酒家) 술과 색을 겸하여 파는 술집.

맡기어 완전히 그 여자를 움켜쥐어 버리며 또한 그 여자에게 전부를 내주어 버린다. 그리하여 그는 늘 all or nothing을 말한다.

이것이 처세상 퍽 이롭지 못한 것을 P도 잘 안다. 또 공연한 승벽*이요 고집인 줄 알건만 그는 그것을 고치지 못한다. 이 날 밤에도 그는 그 계집애를 조금도 어떻게 하겠다는 생각은 나지 아니하였다.

술 취한 끝에 속이 괴로우니까 진정을 하자는 판인데 '오십 전, 아니 이십 전도 좋아.' 하는 소리에 버쩍 흥분이 된 것이다.

너무도 인간이 단작스럽고 악착스러운 것 같았다. P가 노상 보고 듣는 세상이 돈을 중간에 놓고 악착스럽게 으등으등 하는 것임을 모르는 바는 아니나 정조 대가로 일금 이십 전을 요구하는 것은 처음 보았다. P는 그러한 여자가 정조를 파는 데 무신경한 것도 잘 알고 있으며 따라서 그것이 비도덕이니 어쩌니 하는 것도 아니다.

그의 관점과 해석은 그런 것보다 더 나아간 입장에 있었다.

그러나 '이십 전만 주어도' 소리에는 이것저것 생각하고 헤아릴 나위도 없었다. 더럽고 얄미우면서 그러면서도 눈물이 고였다. 삼 원쯤 되는 전 재산을 털어 내던지고 정신없이 뛰어나온 것이다.

술 취한 P를 혼자 남겨둔 H와 M은 골목에 기다리고 서서 있었다. P가 뛰어나오는 것을 보고 그들은 우선 농을 건넨다.

"한턱 하오."

"장가간 턱 하게."

P는 고개를 흔들었다. 그리고 멍하니 서서 생각을 하였다.

다분의 가면 밑에서 꿈틀거리는 인도주의에 몹시 증오를 느끼는 P는 이 날 밤 자기의 행동을 어떻게 해석할지 몰라 괴로워하였다.

내일을 굶어야 할 그 돈이지만 돈이 아까운 것이 아니다. 정조 값으

＊승벽(勝癖) 남과 겨루어 이기기를 좋아하는 성미.

로 이십 전을 주어도 좋다는데 왜 정조는 퇴하고 돈만 있는 대로 다 떨어 주었는가? 왜 눈에 눈물이 고였는가?

8

P는 머리가 띵하고 속이 뉘엿거려* 정신을 차릴 수가 없었다. 그는 두 친구에게 인사도 변변히 하지 아니하고 코를 베인 듯이 삼청동으로 올라왔다. 어서 바삐 좀 드러눕고만 싶었던 것이다.

아무리 방구들은 차고 지저분하게 늘어놓았어도 제 처소는 반가운 것이다. 더구나 몸이 괴로울 때는!

P는 누더기 양복이나마 벗으려고도 아니 하고 그대로 펴 두었던 이부자리 속에 몸을 파묻었다. 드러누우니 취기가 새삼스레 더하여 영영 옷 벗을 생각도 잊어버리고 그대로 잠이 들었다.

얼마를 자고 났는지 괴로워 부대끼다 못 하여 잠이 깨었을 때는 목이 타는 듯이 말랐다. 물은 없다. 물이 없어 못 먹느니라 생각하니 목은 더 말랐다. 밤은 어느 때나 되었는지 짐작할 수가 없다. 전등은 그대로 켜져 있다. 밖에서는 사람 지나다니는 발소리도 들리지 아니한다. 전차 달리는 소리도 들리지 아니하고 가끔 가다가 자동차의 경적이 딴 세상의 소리같이 감감하게 들려온다.

밤이 깊지 아니했으면 잠긴 안대문을 두드려 주인 노인에게라도 물을 청하겠지만 이 깊은 밤에 그리하기도 미안하다. 그것도 방세나 여일하게 내었을세 말이지 얼굴 대하기를 이편에서 피하는 판에 차마 못 할 일이다.

물지게 장수의 삐득거리는 소리가 들리나 하고 귀를 기울였으나 감

---

* 뉘엿거리다 속이 메스꺼워 자꾸 토할 듯하다.

감히 소리가 없다. 목은 더욱더욱 말라 들어온다. 입술이 바싹 마르고 입 안이 침기가 없고 목구멍이 바삭바삭 소리가 날 듯이 마르고, 그러고는 창자 속까지 말라 내려가는 듯하다.

방금 미칠 듯하다. 눈앞에 용용하게* 흘러가는 푸른 한강이 어릿어릿하고 쏴 쏟아지는 수통 꼭지가 보이는 듯하다.

P는 배고픈 고비는 많이 겪어 보았으나 이대도록도(이다지도) 목마른 참은 당하기 처음이다. 배는 고프면 기운이 없이 착 가라앉을 뿐이었지만 목이 극도로 마름에는 금시 미치고 후덕후덕 날뛸 것 같다.

일어나서 삼청동 꼭대기로 올라가면 산골짜기의 물도 있고 또 우물도 있기는 하다. 그러나 이 어두운 밤에 어디가 어디인지 보이지 아니할 테고 또 우물에는 두레박도 없을 것이다.

겨우겨우 참아 가며 몇 시간을 삐대었다*. 실상 한 시간도 못 되는 동안이지만 P에게는 여러 시간인 듯만 싶었다.

그런 뒤에 겨우 물지게 소리를 듣고 그는 수통 있는 곳을 찾아 뛰어 나갔다. 사정 이야기도 변변히 하지 아니하고 쏟아지는 수통 꼭지에 매달려 한 동이는 되리시피 냉수를 들이켰다. 물장수가 어이가 없어 멀끔히 쳐다보고만 있다가 P의 꾸벅하고 돌아서는 등 뒤에다 혀를 끌끌 찬다.

밥보다도 더 다급하게 그립던 물을 실컷 들이켜고 나니 찌뿌둥하게 엉킨 듯 불쾌하던 취기도 적이 걷히고 정신이 말쑥해졌다.

P는 새삼스레 양복을 벗어 던지고 다시 자리에 파묻혔다. 인제는 잠이 십 리나 달아나고 눈이 초랑초랑해진다. 그러면서 어젯밤 일이 머리에 떠오른다.

그것은 마치 못 먹을 것을 먹은 것처럼 께림칙한 기억이다. 아무렇게

---

* 용용(溶溶)하다 흐르는 모양이 조용하고 질펀하다.
* 삐대다 한 군데 오래 눌어붙어서 끈덕지게 굴다.

나 씻어 넘겨 버리재도, 그러나 머리 한 구석에 박혀 가지고 사라지려 하지 아니하는 어룽*과 같다. 어떻게 해서라도 시원스러운 해석을 내리고라야 마음이 놓일 것 같다.

정조 대가로 일금 이십 전을 부르는 여자…….

방금 세상에는 한 번 정조를 빼앗긴 것으로 목숨을 버려 자살하는 여자가 있다. 그러는 한편 '이십 전도 좋소.' 하는 여자가 있다.

여자의 정조가 그것을 잃었다고 자살을 하도록 그다지도 고귀한 것이라면, '이십 전에도 팔겠소.' 하는 여자가 눈을 멀끔멀끔 뜨고 살아 있는 사실은 무엇으로 설명할 것인가? 또 정조를 '이십 전에도 팔겠소' 하는 여자가 있도록 그것이 아무렇지도 아니한 것이라면 그것을 한 번 빼앗긴 때문에 생명을 내버리는 여자가 있는 것은 무엇으로 설명할 것인가?

이 두 여자가 모두 건전한 양심의 소유자라고 볼 수는 없다. 그러나 그 가운데 나무라기로 들면 차라리 정조를 빼앗긴 것으로 자살한 여자를 나무랄 것이지 '이십 전에 팔겠소.' 하는 여자는 나무랄 수가 없다.

열여섯 살부터 시작하여 이래 삼 년이나 색주가 집으로 굴러다니는 여자다.

언제 누구에게 귀떨어진 도덕 관념이나 정당한 인생관을 얻어 들은 적이 없을 것이다.

술잔을 들고 앉아 한 잔이라도 오는 손님에게 더 먹여 한 푼어치라도 주인의 수입을 도와 주면 칭찬이 오니 그만이다.

"고년 어여쁘다, 나하고 ××."

하고 손님이 말하면 그에 좇아 비록 조발일지언정 생리적 만족을 얻는 한편 그야말로 단돈 이십 전이라도 벌면 그만이다.

---

* 어룽 어룽어룽한 점, 또는 그런 점이 있는 짐승이나 물건을 이르는 말.

옆에서 그것을 시키기는 할지언정 그것이 나쁘다고 가르쳐 주는 사람이 있을 턱이 없는 것이다. 사실 일반 매춘부가 정조적으로 양심을 가진 듯이 보인다는 것은 그 대부분이 도리어 한 가식에 지나지 못하는 것이다. 그것은 그들에게 있어서 일종의 정당성을 가진 노동인 것이다.

그러니까 그것을 보고 불쌍하다고 여기고 동정을 하는 것은 위문이 폐문이다.

지금 세상은 정당한 성도덕이 서서 있는 때도 아니다.

그것은 한 세대에 여러 가지의 시대 사조가 얼크러져 있는 때문이다. 그러니까 여자의 정조에 대하여도 일률적으로 선악과 시비를 가릴 수는 없는 것이다. 하룻밤 몸값으로다 '이십 전도 좋소.' 하는 여자, 그에게는 다른 사람이 갖는 성도덕도 없고 따라서 자신을 타락이라서 슬퍼하지도 아니한다. 그 여자 자신을 나무랄 필요도 없는 것이요, 동정할 며리도 없는 것이다. 그 여자 자신은 결코 불쌍한 사람이 아니다.

예수의 사랑(?)도 아무리 그 사랑이 크고 넓다 했을지언정 그것은 '불쌍한 사람', '죄지은 사람'에게 미칠 수 있는 것이다.

'불쌍하지 아니한', '죄짓지 아니한' 동관의 색주가 계집애에게는 누구의 동정이나 사랑도 일없는 것이다.

"뭣? 관념적이라고?"

그렇다. 관념적이라도 할 수 없다. 그러나 그것은 그 여자의 주관을 객관화한 것이다. 그러니까 그것은 한 엄연한 사실이다.

(30여 자 삭제)

또 그 병적 현실에 메스를 대는 것은 집단의 역사적 문제이지만 룸펜 인텔리의 결벽과 흥분쯤으로는 문제도 되지 아니한다. 다만 취객이 삼원 각수*를 던져 주었으므로 해서 그 여자는 감격 없는 기쁨을 맛보았

---

* 각수(角數) 돈을 '원' 단위로 셀 때, 원 단위 아래에 남는 몇 전이나 몇십 전을 이르는 말.

을 뿐일 것이다.

"이게 웬 떡이냐……. 어제 저녁에 꿈이 괜찮더니 이런 땡을 잡을 영 으루 그랬구나……. 웬 얼간망둥이(얼간이)냐."

그 계집애는 응당 그렇게밖에는 더 생각되지 아니하였을 것이다. 그 것이 결코 무리가 없는 당연한 일이다. P는 여기까지 생각하고 입맛 쓴 고소(쓴웃음)를 띠었다.

"흥! 되지 못하게……. 장님이 눈병 앓는 사람더러 불쌍하다고 한 셈 인가."

P는 돌아누우면서 혀를 끌끌 찼다.

9

일천구백삼십사 년의 이 세상에도 기적이 있다. 그것은 P가 굶어 죽 지 아니한 것이다. 그는 최근 일 주일 동안 돈이 생긴 데가 없다. 잡힐 것도 없었고 어디서 벌이한 적도 없다.

그렇다고 남의 집 문 앞에 가서 밥 한 술 주시오 하고 구걸한 일도 없 고 남의 것을 훔치지도 아니하였다.

그러나 그 동안 굶어 죽지 아니하였다. 야위기는 하였지만 그래도 멀 쩡하게 살아 있다. P와 같은 인생을 이 세상에 하나도 없이 싹 치운다 면 근로하는 사람이 조금은 편해질는지도 모른다.

P가 소 부르주아 축에 끼이는 인텔리가 아니요, 노동자였더라면 그 동안 거지가 되었거나 비상 수단을 썼을 것이다. 그러나 그에게는 그러 한 용기도 없다. 그러면서도 죽지 아니하고 살아 있다. 그렇지만 죽기 보다도 더 귀찮은 일은 그를 잠시도 해방시켜 주지 아니한다.

그의 아들 창선이를 올려보낸다고 어제 편지가 왔고 오늘은 내일 아 침에 경성역에 당도한다는 전보까지 왔다.

오정 때 전보를 받은 P는 갑자기 정신이 난 듯이 쩔쩔매고 돌아다니며 돈 마련을 하였다. 최소한도 이십 원은……, 하고 돌아다닌 것이 석양때 겨우 십오 원이 변통되었다.

종로에서 풍로니 냄비니 양재기니 숟갈이니 무어니 해서 살림 나부랭이를 간단하게 장만하여 가지고 올라오는 길에 전에 잡지사에 있을 때 알은 ××인쇄소의 문선* 과장을 찾아갔다.

월급도 일없고 다만 일만 가르쳐 주면 그만이니 어린아이 하나를 써 달라고 졸라 대었다.

A라는 그 문선 과장은 요리조리 칭탈*을 하던 끝에 —— 그는 P가 누구 친한 사람의 집 어린애를 천거하는 줄 알았던 것이다 ——.

"보통 학교나 마쳤나요?"
하고 물었다.

"아니요."

P는 솔직하게 대답하였다.

"나이는 몇인데?"

"아홉 살."

"아홉 살?"

A는 놀라 반문을 하는 것이다.

"기왕 일을 배울 테면 아주 어려서부터 배워야지요."

"그래도 너무 어려서 원…… 뉘집 애요?"

"내 자식놈이랍니다."

P는 그래도 약간 얼굴이 붉어짐을 깨달았다. A는 이 말에 가장 놀라운 일을 보겠다는 듯이 입만 벌리고 한참이나 P를 물끄러미 바라다본다.

"왜 내 자식이라고 공장에 못 보내란 법 있답디까?"

---

* 문선(文選) 활판 인쇄에서 원고대로 활자를 골라 뽑는 일.
* 칭탈 무엇 때문이라고 핑계를 댐.

"아니 정말 그래요?"

"정말 아니고?"

"괜히 실없는 소리!……자제라고 해야 들어줄 테니까 그러시지?"

"아니, 그건 그렇잖애요. 내 자식놈야요."

"그럼 왜 공부를 시키잖구?"

"인쇄소 일 배우는 것도 공부지."

"그건 그렇지만 학교에 보내야지."

"학교에 보낼 처지도 못 되고 또 보낸댔자 사람 구실도 못 할 테니까……."

"거 참 모를 일이오……. 우리 같은 놈은 이 짓을 해 가면서도 자식을 공부시키느라고 애를 쓰는데 되려 공부시킬 줄 아는 양반이 보통 학교도 아니 마친 자제를 공장엘 보내요?"

"내가 학교 공부를 해 본 나머지 그게 못쓰겠으니까 자식은 딴 공부를 시키겠다는 것이지요."

"글쎄 정 그러시다면 내가 내 자식 진배없이 잘 데리고 있으면서 일이나 착실히 가르쳐 드리리다마는……. 원 너무 어린데 애처롭잖아요?"

"애처로운 거야 애비 된 내가 더하지오만 그것이 제게는 약이니까……."

P는 당부와 치하를 하고 인쇄소를 나왔다. 한짐 벗어 놓은 것같이 몸이 가뜬하고 마음이 느긋하였다. 그는 집으로 올라가는 길에 싸전에 쌀 한 말을 부탁하고 호배추도 몇 통 사들였다. 그렁저렁 오 원을 썼다.

십 원 남은 중에 주인 노인에게 육 원을 내어 주니 입이 귀 밑까지 째어진다. 그 끝에 P가 사 온 호배추를 내주며 김치를 담가 달라고 하니 선선히 응낙한다. 그리고 자식을 데리고 자취를 하겠다니까 깍두기야 간장이야 된장 같은 것을 아까운 줄 모르고 날라다 주곤 한다.

10

이튿날 전에 없이 첫 새벽에 일어난 P는 서투른 솜씨로 화로밥을 지어 놓고 정거장으로 나갔다. 그의 형에게서 온 편지에 S라는 고향 사람이 서울 올라오는 길에 따라 보낸다고 했으니까 P는 창선이보다도 더 낯이 익은 S를 찾았다. 과연 차가 식식거리고 들어서매 인간을 뱉어 내놓는 찻간에서 S가 창선이를 데리고 두리번거리며 내려왔다.

어디서 생겼는지 새까만 고쿠라* 양복을 입고 이화표 붙은 학생 모자를 쓰고 거기다가 보따리를 하나 지고 무엇 꾸린 것을 손에 들고 차에서 내리는 어린아이……. 저게 내 자식이라 생각하니 P는 어쩐지 속으로 얼굴이 붉어지며 한편 가엾기도 하였다.

S가 두 손에 짐을 가득 들고 두리번거리다가 가까이 온 P를 보고 반겨 소리를 지른다. 창선이가 모자를 벗고 학교식으로 경례를 한다. 얼굴은 너댓 살 적에 보던 것보다 더 한층 저의 외가를 닮았다. P는 그것이 몹시 불만하였다.

"그새 재미나 좋았나?"

S의 하는 첫인사다.

"멀 그저 그렇지……. 괜한 산 짐을 지고 오느라고 애썼네."

P는 이렇게 인사 겸 치하를 하였다.

"원 천만에!……그애가 나이는 어려도 어떻게 속이 찼는지……. 너늬 아버지 알아보겠니?"

S는 창선이를 돌아보며 웃는다. 창선은 고개를 숙이고 수줍은지 아무 대답도 아니 한다. P는 S와 창선이를 데리고 구름다리로 올라왔다.

"저의 외할머니가 저 양복이야 떡이야 모다 해 가지고 자네 댁에까지

---

*고쿠라 두꺼운 무명 직물의 일본말.

오셨더라네……. 오셔서 어제 떠나는데 정거장까지 나오셨는데 여러 가지 신신 당부를 하시데……. 자네에게 전하라고."

S는 P가 그다지 듣고 싶지도 아니한 이야기를 뒤따라오며 늘어놓는다. 그의 가슴에는 옛날의 반감이 솟쳐 올랐다.

"별 걱정 다 하던 게로군……. 내 자식 내가 어련히 할까 봐 쫓아다니면서 그래!"

"그래도 노인들이라 어디 그런가?……객지에서 혼자 있는데 데리고 있기 정 불편하거든 당신에게로 도루 보내게 하라고 그러시데……."

"그 집에 내 자식이 무슨 상관이 있어서 보내라는 거야?……보낼 테면 그 때 데려왔을라구……."

P는 그것이 모두 그와 갈린 아내의 조종인 줄 알기 때문에 더구나 심정*이 났다.

화가 나는 대로 하면 어린아이가 입고 온 양복도 벗겨 내던지고 싶었으나 꿀꺽 참았다.

11

일찍 맛보아 보지 못한 새 살림을 P는 시작하였다.

창선이가 도착한 날 밤.

창선이는 아랫목에서 색색 잠을 자고 있다. 외롭게 꿈을 꾸고 있으려니 생각하매 전에 없던 애정이 솟아오르는 듯하였다.

이튿날 아침 일찍 창선이를 데리고 ××인쇄소에 가서 A에게 맡기고 안 내키는 발길을 돌이켜 나오는 P는 혼자 중얼거렸다.

"레디메이드 인생이 비로소 겨우 임자를 만나 팔렸구나."

---

* 심정(心情) 마음 속에 품고 있는 생각이나 감정.

논 이야기

1

일인들이 토지와 그 밖에 온갖 재산을 죄다 그대로 내놓고, 보따리 하나에 몸만 쫓겨 가게 되었다는 이야기를 듣는 한 생원은 어깨가 우쭐하였다.

"거 보슈, 송 생원. 인전 들, 내 생각 나시지?"

한 생원의 허연 탑삭부리*에 묻힌 쪼글쪼글한 얼굴이 위아래 다섯 대밖에 안 남은 누런 이빨과 함께 흐물흐물 웃는다.

"그러면 그렇지. 글쎄 놈들이 제아무리 영악하기로서니 논에다 네 귀 탱이 말뚝 박구섬 인도깨비처럼 어여차 어여차, 땅을 떠 가지구 갈 재주야 있을 이치가 있나요?"

한 생원은 참으로 일본이 항복을 하였고, 조선은 독립이 되었다는 그날 —— 팔월 십오일 적보다도 신이 나는 소식이었다. 자기가 한 말이 꿈결같이도 이렇게 와 들어맞다니……. 그리고 자기가 한 말대로, 자기

---

* 탑삭부리 탑삭나룻(짧고 다보록하게 많이 난 수염)이 난 사람.

가 일인에게 팔아넘긴 땅이 꿈결같이도 도로 자기의 것이 되게 되었다니……. 이런 세상에 신기하고 희한할 도리라고는 없었다.

조선이 독립이 되었다는 8월 15일, 그 때는 한 생원은 섬쩍 만세를 부르고 싶은 생각이 나지 않았어도, 이번에는 저절로 만세 소리가 나와지려고 하였다.

8월 15일 적에 마을에서는 젊은 사람들이 설도*를 하여, 태극기를 만들고 닭을 추렴*하고 술을 사고 하여 놓고 조촐히 만세를 불렀다.

한 생원은 그 자리에 참여를 하지 아니하였다. 남들이 가서 같이 만세를 부르자고 하였으나 한 생원은 조선이 독립이 되었다는 것이 별양 반가운 줄을 모르겠었다. 그저 덤덤할 뿐이었다.

물론 일본이 항복을 하였으니, 전쟁은 끝이 난 것이요, 전쟁이 끝이 났으니 벼 공출을 비롯하여, 솔뿌리 공출이야, 마초 공출이야, 채소 공출이야, 가지가지의 그 억울하고 성가신 공출이 없어지고 말 것이었다.

또, 열여덟 살배기 손자놈 용길이가 징용에 뽑혀 나갈 염려가 없을 터였다. 얼마나 한 생원은, 일찍이 아비를 여의고 늙은 손으로 여태껏 길러 온 외톨 손자놈 용길이가 징용에 뽑히지 말게 하려고, 구장과 면의 노무계 직원과, 부락 담당 직원에게 굽은 허리를 굽실거리며 건사를 물고 하였던고. 굶는 끼니를 더 굶어 가면서 그들에게 쌀을 보내어 주기, 그들이 마을에 얼찐하면 부랴부랴 청해다 씨암탉 잡고 술 대접하기, 한참 농사일이 몰릴 때라도, 내 농사는 손이 늦어도 용길이를 시켜 그들의 논에 모 심고 김매어 주고 하기. 이 노릇에 흰머리가 도로 검어질 지경이요, 빚은 고패*가 넘도록 지고 하였다.

하던 것이 인제는 전쟁이 끝이 났으니, 징용 이자는 싹 씻은 듯 없어

---

* **설도** 설두(設頭). 앞장을 서서 일을 주선함.
* **추렴** 모임이나 놀이 등의 비용으로 여러 사람이 돈이나 물건 따위를 얼마씩 나누어 냄.
* **고패** 고비. 한창 막다른 때의 상황.

질 것. 마음 턱 놓고 두 발 쭉 뻗고 잠을 자도 좋았다.

　이런 일을 생각하면 한 생원도 미상불 다행스럽지 아니한 것은 아니었다. 그러나 오직 그뿐이었다.

　독립?

　신통할 것이 없었다.

　독립이 되기로서니, 가난뱅이 농투성이가 별안간 나으리 주사 될 리 만무하였다. 가난뱅이 농투성이가 남의 세토(소작) 얻어 비지땀 흘려 가면서 일 년 농사지어, 절반도 넘는 도지(소작료) 물고 나머지로 굶으며 먹으며 연명이나 하여 가기는 독립이 되거나 말거나 매양 일반일 터였다.

　공출이야 징용이야 하여서 살기가 더럭 어려워지기는 전쟁이 나면서부터였다. 전쟁이 나기 전에는 일 년 농사지어 작정한 도지 실수 않고 물면, 모자라나따나 아무 시비와 성가심 없이 내 것 삼아 놓고 먹을 수가 있었다.

　징용도 전쟁이 나기 전에는 없던 풍도였었다. 마음놓고 일을 하였고, 그것으로써 그만이었지, 달리는 근심 걱정 될 것이 없었다.

　전쟁 사품에 생겨난 공출이니 징용이니 하는 것이 전쟁이 끝이 남으로써 없어진 다음에야 독립이 되기 전 일본 정치 밑에서도 남의 세토 얻어, 도지 물고 나머지나 천신하는 가난뱅이 농투성이에서 벗어날 것이 없을진대, 한갓 전쟁이 끝이 나서 공출과 징용이 없어진 것이 다행일 따름이지, 독립이 되었다고 만세를 부르며 날뛰고 할 흥이 한 생원으로는 나는 것이 없었다.

　일인에게 빼앗겼던 나라를 도로 찾고, 그래서 우리도 다시 나라가 있게 되었다는 이 잔주*도, 역시 한 생원에게는 시쁘둥한* 것이었다. 한

＊잔주　큰 주석 아래 더 자세히 단 주석.
＊시쁘둥하다　마음에 차지 아니하며 아주 시들한 구석이 있다.

생원은 나라를 도로 찾는다는 것은, 구한국 시절로 다시 돌아가는 것으로밖에는 달리는 생각할 수가 없었다.

한 생원네는 한 생원의 아버지의 부지런으로 장만한 열서 마지기와 일곱 마지기의 두 자리 논이 있었다. 선대의 유업도 아니요, 공문서(무등기) 땅을 거저 주운 것도 아니요, 뼈젓이 값을 내고 산 것이었다. 하되 그 돈은 체계나 돈놀이로 모은 돈도 아니요, 품삯받아 푼푼이 모으고 악의악식하면서 모은 돈이었다. 피와 땀이 어린 땅이었다.

그 피땀 어린 논 두 자리에서, 열서 마지기를 한 생원네는 산 지 겨우 오 년 만에 고을 원에게 빼앗겨 버렸다.

지금으로부터 오십 년 전, 갑오 을미 병신 하는 병신년 한 생원의 나이 스물한 살 적이었다.

그 안 해 을미년 늦은 가을에 김 아무라는 원이 동학란에 도망 뺀 원 대신으로 새로이 도임을 해 와서, 동학의 잔당을 비질하듯 잡아 죽였다. 피비린내 나는 살육이 이듬해 병신년 봄까지 계속되었고, 그리고 여름……. 인제는 다 지났거니 하여 겨우 안도를 한 참인데, 한태수(한 생원의 아버지)가 원두막에서 동헌으로 붙잡혀 가, 옥에 갇혔다. 혐의는 동학에 가담하였다는 것이었다.

한태수는 전혀 동학에 가담한 일이 없었다. 그의 말대로 하면, 동학 근처에도 가 보지 아니한 사람이었다.

옥에 가두어 놓고는, 매일 끌어다가 실토를 하라고, 동류의 성명을 불라고, 주리를 틀면서 문초를 하였다. 육십이 넘은 늙은 정강이가 살이 으깨어지고 뼈가 아스러졌다.

나중 가서야 어찌 될 값에, 당장의 아픔을 견디다 못하여, 동학에 가담하였노라고 자복을 하였다. 입에서 나오는 대로 아는 사람의 이름을 불렀다.

불린 일곱 사람이 잡혀 들어와 같은 문초를 받았다. 처음에는 들 내

뻗었으나 원체 아픔을 이기지 못하여 자복을 하였다.

남은 것은 처형을 하는 것뿐이었다.

하루는 이방이, 한태수의 아내와 아들(한 생원)을 조용히 불렀다.

이방은 모자더러, 좌우간 살려 낼 도리를 하여야 않느냐고 하였다.

모자는 엎드려 빌면서, 제발 이방님 덕택에 목숨만 살려지이다고 하였다.

"꼭 한 가지 묘책이 있기는 있는데……. 그럼 내가 시키는 대로 할테냐?"

"불 속이라도 뛰어 들어가겠습니다."

"논문서를 가져오너라. 사또께다 바쳐라."

"논문서를요?"

"아까우냐?"

"……."

"가장이나 애비의 목숨보다 논이 더 소중하냐?"

"그 땅이 다른 땅과도 달라서……."

"정히 그렇게 아깝거든 고만두는 것이고."

"논문서만 가져다 바치면, 정녕 모면을 할까요?"

"아니 될 노릇을 시킬까?"

"그럼 이 길로 나가서 가지고 오겠습니다."

"밤에 조용히 내아(관사)로 오도록 하여라. 나도 나와 있을 테니. 그리고 네 논이 두 자리가 있것다?"

"네."

"열서 마지기와 일곱 마지기."

"네."

"그 열서 마지기를 가지고 오너라."

"열서 마지기를요?"

"아까우냐?"

"······."

"아깝거들랑 고만두려무나."

"그걸 바치고 나면 소인네는 논 겨우 일곱 마지기를 가지고 수다한 권솔에 살아갈 방도가······."

"당장 가장이나 애비의 목숨은 어디로 갔던지?"

"······."

"땅이야 다시 장만도 할 수가 있는 것이 아니냐?"

모자는 서로 돌아보면서 말하였다.

"바칩시다."

"바치자."

사흘 만에 한태수는 놓여 나왔다. 다른 일곱 명도 이방이 각기 사이에 들어, 각기 얼마씩의 땅을 바치고 놓여 나왔다.

그 뒤 경술년에 일본이 조선을 합방하여 나라는 망하였다.

사람들이 나라 망한 것을 원통히 여길 때 한 생원은,

"그깐 놈의 나라, 시언히 잘 망했지."

하였다. 한 생원 같은 사람으로는 나라란 백성에게 고통이지, 하나도 고마운 것이 아니었다. 또 꼭 있어야 할 요긴한 것도 아니었다. 그런 나라라는 것을 도로 찾았다고 하여, 섬뻑 감격이 일지 아니한 것도 일변 의당한 노릇이라 할 것이었다.

논 스무 마지기에서 열서 마지기를 **빼앗기고** 나니, 원통한 것도 원통한 것이지만, 앞으로 일이 딱하였다. 논이나 겨우 일곱 마지기를 가지고는 어림도 없었다.

하릴없이 남의 세토를 얻어, 그 보충을 하여야 하였다. 그러나 남의 세토는 도지를 물어야 하는 것이라, 힘은 내 논을 지을 때와 마찬가지로 들면서도 가을에 가서 차지를 하기는 절반이 못 되는 것이었다. 그렇지만 그렇다고 남의 세토를 소작 아니 할 수는 없었다.

이리하여 한 생원네는 나라 명색이 망하지 않고 내 나라로 있을 적부터 가난한 소작농이었다.

경술년 나라가 망하고, 삼십육 년 동안 일본의 다스림 밑에서도 같은 가난한 소작농이었다. 그리고 속담에, 남의 불에 게 잡기로, 남의 덕에 나라를 도로 찾기는 하였다지만 한국 말년의 나라만을 여겨 그 나라가 오죽할 리 없고, 여전히 남의 세토나 지어 먹는 가난한 소작농이기는 일반일 것이라고 한 생원은 생각하던 것이었다.

일본이 항복을 하던 바로 전의 삼사 년에, 공출이야 징용이야 하면서 별안간 군색함과 불안이 생겼던 것이지, 그 밖에는 나라가 망하여 없어지고서, 일본의 속국 백성으로 사는 것이 경술년 이전 나라가 있어 가지고 조선 백성으로 살 적보다 별양 못할 것이 한 생원에게는 없었다. 여전히 남의 세토를 지어, 절반 이상이나 도지를 물고, 그 나머지를 천신하는 가난한 소작인이요, 순사나 일인이나 면서기들의 교만과 압박보다 못할 것도 없거니와 더할 것도 없었다.

독립이 된 이 앞으로도, 그것이 천지 개벽이 아닌 이상, 가난한 농투성이가 느닷없이 부자장자 될 이치가 없는 것이요, 원·아전·토반이나 일본 놈 대신에, 만만하고 가난한 농투성이를 핍박하는 '권세 있는 양반들'이 생겨날 것이요 할 것이매, 빼앗겼던 나라를 도로 찾아 다시금 조선 백성이 되었다는 것이 조금도 신통하거나 반가울 것이 없었다.

원과 토반과 아전이 있어, 토색질*이나 하고 붙잡아다 때리기나 하고 교만이나 피우고 하되, 세미는 국가의 이름으로 꼬박꼬박 받아 가면서 백성은 죽어야 모른 체를 하고 하는 나라의 백성으로도 살아 보았다.

천하 오랑캐, 아비와 자식이 맞담배질을 하고, 남매간에 혼인을 하고, 뱀을 먹고 하는 왜인들이, 저희가 주인이랍시고서 교만을 부리고, 순사와 헌병은 칼바람에 조선 사람을 개 돼지 대접을 하고, 공출을 내어라, 징용을 나가거라, 야미*를 하지 마라 하면서 볶아 대고, 또 일본이 우리 나라다, 나는 일본 백성이다, 이런 도무지 그럴 마음이 우러나지를 않는 억지 춘향이 노릇을 시키고 하는 나라의 백성으로도 살아 보았다.

결국 그러고 보니 나라라고 하는 것은 내 나라였건 남의 나라였건 있었댔자 백성에게 고통이나 주자는 것이지, 유익하고 고마울 것은 조금도 없는 물건이었다. 따라서 앞으로도 새 나라는 말고 더한 것이라도 있어서 요긴할 것도 없어서 아쉬울 일도 없을 것이었다.

---

* **토색질** 돈이나 물건 따위를 억지로 달라고 하는 것.
* **야미** '암거래'의 일본말.

2

신해년……. 경술합방 바로 이듬해였다. 한 생원 —— 때의 젊은 한 덕문 —— 은 빼앗기고 남은 논 일곱 마지기를 불가불 팔아야 할 형편에 이르렀다. 칠팔 명이나 되는 권솔인데, 내 논 일곱 마지기에다 남의 논이나 몇 마지기를 소작하여 가지고는 여간한 규모와 악의악식이 아니고서는 도저히 현상 유지를 하기가 어려웠다.

한덕문은 그 부친과는 달라 살림 규모가 없었다. 사람이 좀 허황하고 헤픈 편이었다. 부친 한태수가 죽고, 대신 당가산을 한 지 불과 오륙 년에 한덕문은 힘에 넘치는 빚을 졌다.

이 빚은 단순히 살림에 보태느라고만 진 빚은 아니었다.

한덕문은 허황하고 헤픈 값을 하느라고, 술과 노름을 쏠쏠히 좋아하였다. 일 년 농사를 지어야 일 년 가계가 번연히 모자라는데, 거기다 술을 먹고 노름을 하니 늘어 가느니 빚밖에는 있을 것이 없었다.

빚은 갚아야 되었다. 팔 것이라고는 논 일곱 마지기 그것뿐이었다.

한덕문이 빚을 이리 틀어막고 저리 틀어막고, 오늘로 밀고 내일로 밀고 하여 오던 끝에, 마침내는 더 꼼짝을 할 도리가 없어 논을 팔기로 작정을 대었을 무렵에, 그러자 용말 사는 일인 길천이가 요새로 바싹 땅을 많이 사들인다는 소문이 들렸다. 그리고 값으로 말하여도, 썩 좋은 상답이면 한 마지기에 스무 냥으로 스물닷 냥까지 내고, 아주 박토라도 열 냥 안짝은 없다고 하였다. 땅마지기나 가진 인근의 다른 농민들도 다들 그러하였지만 한덕문은 그 중에서도 귀가 반짝 뜨였다.

시세의 갑절이었다.

고래실논*으로, 개똥배미 상지 상답이라야 한 마지기에 열 냥으로

---

*고래실논 바닥이 깊고 물길이 좋아 기름진 논.

열두어 냥이요, 땅 나쁜 것은 기지개 써야 닷 냥이었다.

'팔자!'

한덕문은 작정을 하였다. 일곱 마지기 논이 상지 상답은 못 되어도 상답은 되니, 잘하면 열 냥은 받을 것. 열 냥이면 이 칠 십사 일백마흔 냥. 빚이 이럭저럭 한 오십 냥 되니, 그것을 갚고 나면 아흔 냥이 남아. 아흔 냥을 가지고 도로 논을 장만해. 판 일곱 마지기만한 토리*의 논을 사더라도 아홉 마지기를 살 수가 있어. 결국, 논 한 번 팔고 사고 하는 노름에, 빚 오십 냥 거저 갚고도, 논은 두 마지기가 늘어 아홉 마지기가 생기는 판이 아니냐.

이런 어수룩한 노름을 아니하잘 며리*가 없는 것이었다.

양친은 이미 다 없은 때요, 한덕문 그가 대주(호주)였으므로, 혼자서 일을 결단하여도 간섭을 받을 일은 없었다.

곡우 머리의 어느 날, 한덕문은 맨발 짚신 풀상투에 삿갓 쓰고 곰방대 물고, 마을에서 십 리 상거*의 용말 출입을 나갔다. 일인 길천이가 적실히 그렇게 후한 값으로 논을 사는지, 진가를 알아보고자 함이었다.

금강 어구의 항구 군산에서 시작되어, 동북간방으로 임피읍을 지나 용말로 나온 한길이, 용말 동쪽 변두리에서 솜리(이리)로 가는 길과 황등 장터로 가는 길의 두 갈래길로 갈리는, 그 샅에 전주집이라는 주모가 업을 하고 있는 주막이 오도카니 홀로 놓여 있었다.

한덕문은 전주집과는 생소치 아니한 사이였다.

마당이자 바로 한길인 그 마당 앞에 섰는 한 그루의 실버들이 한창 푸르른 전주집네 주막, 살진 봄볕이 드리운 마루에 나란히 걸터앉아 세상 물정 이야기, 피차간 살아가는 이야기, 훨씬 한담을 하던 끝에 한덕

---

*토리 메마르거나 기름진 흙의 성질.
*며리 까닭이나 필요.
*상거(相距) 서로 떨어져 있음.

문이 지난 말처럼 넌지시 물었다.

"참 저, 일인 길천이가 요새 땅을 많이 산다구?"

"많얼께 아니라, 그 녀석이 아마 이 근처 일판을, 땅이라고 생긴 건 깡그리 쓸어 사자는 배폰가 봅디다!"

"헷소문은 아니루구면?"

"달리 큰 배포가 있던지, 그렇잖으면 그 녀석이 상성*을 했던지."

"……."

"한 서방 으런두 속내 아는배, 이 근처 논이 물 걱정 가뭄 걱정 없구, 한 마지기에 넉 섬은 먹는 논이라야 열 냥이 상값 아니우? 그런 걸 글쎄, 녀석은 스무 냥 스물댓 냥을 퍼주구 사는구랴. 제마석두 못 먹는 자갈 바탕의 박토라두, 논 명색이면 열 냥 안짝 잽히는 건 없구."

"허긴, 값이나 그렇게 월등히 많이 내야 일인한테 논을 팔지, 그렇잖 구서야 누가."

"제엔장, 나두 진작에 논이나 시늉만 생긴 거라두 몇 섬지기 장만해 두었더라면 이런 판에 큰 횡잴 했지."

"그래, 많이들 와 파나?"

"대가릴 싸고 덤벼든답디다. 한 서방 으런두 논 좀 파시구랴? 이런 때 안 팔구 언제 팔우?"

"팔 논이 있나!"

이유와 조건의 어떠함을 물론하고, 농민이 논을 판다는 것은 남의 앞에 심히 떳떳스럽지 못한 일이었다. 뻔히 내일 모레면 다 알게 될 값이라도, 되도록 그런 기색을 숨기려고 드는 것이 통정이었다.

뚜벅뚜벅 말굽 소리가 나더니, 말 탄 길천이가 주막 앞을 지난다. 언제나 그러하듯이, 깜장 됫박 모자에 깜장 복장(쓰메에리*)을 입고, 깜장

---

* 상성 본래의 성질을 잃어서 딴 사람같이 되는 것. 발광
* 쓰메에리 깃 높이가 3~4cm쯤 되게 하여 목을 둘러 바싹 여미게 지은 양복. 학생복.(일본말)

목 깊은 구두를 신고, 허리에는 육혈포를 차고 하였다.

한덕문은 길에서 몇 차례 본 적이 있어 그가 길천인 줄을 안다.

"어디 갔다 와요?"

전주집이 웃으면서 알은체를 하는 것을 길천은 웃지도 않으면서,

"응, 조기. 우리, 나쁜 사레미 자바리 갔소 왔소."

길천의 차인꾼*이요, 통역꾼이요 한 백남술이가 밧줄로 결박을 지은 촌 젊은 사람 하나를 앞장 세우고 뒤미처 나타났다.

죄수(?)는 상투가 풀어지고, 발기발기 찢긴 옷과 면상으로 피가 묻고 한 것으로 보아, 한바탕 늘씬 두들겨 맞은 것이 역력했다.

"어디 갔다 오시우?"

전주집이 이번에는 백남술더러 인사로 묻는다.

백남술은 분연히

"남의 돈 집어 먹고 도망댕기는 놈은 죽어 싸지."

하면서 죄수에게 잔뜩 눈을 흘긴다. 그러고 나서 전주집더러,

"댕겨오께시니 닭이나 한 마리 잡구 해 놓게나. 놈을 붙잡느라구 한 승강 했더니 목이 컬컬허이."

그러느라고 잠깐 한눈을 파는 순간이었다. 죄수가 밧줄 한 끝 붙잡힌 것을 홱 뿌리치면서 몸을 날려 쏜살같이 오던 길로 내뺀다.

"엇!"

백남술이 병신처럼 놀라다 이내 죄수의 뒤를 쫓는다.

길천이 탄 말이 두 앞발을 번쩍 들어 머리를 돌리면서, 땅을 차고 달린다. 그러면서 길천의 손에서 육혈포가 땅……, 풀썩 연기가 나면서 재우쳐 땅…….

죄수는 그러나 첫 한 방에 그대로 길바다에 가 동그라진다. 같은 순

---

* 차인꾼 남의 장사 일에 시중드는 사람.

간 버선발로 뛰어 내려간 전주집이 에구머니 비명을 지른다.

죄수는 백남술에게 박승 한 끝을 다시 붙잡혀 일어난다. 길천은 피스톨 사격의 명인은 아니었다.

일인에게 빚을 쓰는 것은 왜채라고 하고, 이 젊은 친구는 왜채를 쓰고서 갚지 아니하고 몸을 피해 다니다가 붙잡힌 사람이었다.

길천은 백남술이가,

"이 사람은 논이 몇 마지기가 있소?"

하고 조사 보고를 하면, 서슴지 아니하고 왜채를 주곤 한다. 이자도 항용 체계나 장변*보다 헐하였다.

빚을 주는 데는 무른 것 같아도 받는 데는 무서웠다.

기한이 지나기를 기다려, 채무자를 제 집으로 데려다 감금을 하고, 사형*으로써 빚 채근을 하였다.

부형이나 처자가 돈을 가지고 와서 빚을 갚는 날까지 감금과 사형을 늦추지 아니하였다.

논문서를 가지고 오는 자리는 우대를 하였다. 이자를 탕감하고 본전만 쳐서 논으로 받는 것이었다. 논이 있는 사람은 돈을 두어 두고도, 즐기어 논으로 갚고 하였다. 한덕문은 다시 끌려가고 있는 죄수의 뒷모양을 우두커니 바라다보면서,

'제엔장, 양반 호랑이도 지질한데, 우환 중에 왜놈 호랑이까지 들어와서 이 등쌀이니, 갈수록 죽어나는 건 만만한 백성뿐이로구나.'

'쯧, 번연히 알면서 왜채를 쓰는 사람이 잘못이지, 누구를 원망하나.'

'참새가 방앗간을 거저 지날까. 이왕 외상술이라도 한 잔 먹고 일어설까, 어떡헐까?'

---

* **장변** 장에서 꾸는 돈의 이자.
* **사형** 국가나 또는 공공의 권력이나 법률에 의하지 않고 개인이나 사적 단체가 행하는 벌.

이런 생각을 하고 앉았던 차에, 생각잖이 외가 편으로 아저씨뻘 되는 윤 첨지가 퍼뜩 거기에 당도하였다. 윤 첨지는 황등 장터에서 제 논 섬지기나 지니고 탁신히 사는 농민이었다.

아저씨 웬일이시냐고, 조카 잘 있었더냐고, 항용 하는 인사가 끝난 후에, 이 동네 사는 길천이라는 일인이 값을 후히 내고 땅을 사들인다는 소문이 있으니 적실하냐고 아까 한덕문이 전주집더러 묻던 말을 윤 첨지가 한덕문더러 물었다. 그렇단다는 한덕문의 대답에, 윤 첨지는 이윽고 생각을 하고 있더니 혼잣말같이,

"그럼 나두 이왕 궐한테다 팔아야 하겠군."

하다가 한덕문더러,

"황등이까지 가서도 살까? 예서 이십 리나 되는데."

하고 묻는다.

"글쎄요……. 건데 논은 어째 파실 영으루?"

"허, 그거 온 참……. 저어 공주 한밭서 무안·목포루 철로가 새루 나는데, 그것이 계룡산 앞을 지나 연산·팥거리루 해서 논메·강경으루 나와 가지구, 황등 장터를 지나게 된다네그려."

"그런데요?"

"그런데 철로가 난다 치면 그 십 리 안짝은 논을 죄 버리게 된다는 거야."

"어째서요?"

"차가 댕기는 바람에 땅이 울려 가지구 모를 심어두 뿌릴 제대로 잡지 못하구 해서, 벼가 자라질 못한다네그려!"

"부슨 그럴 리가……."

"건 조카가 속을 몰라 하는 소리지. 속을 몰라 하는 소린 것이, 나두 작년 정월에 공주 한밭엘 갔다, 그놈 차가 철로 위루 달리는 걸 구경했지만, 아 그 쇳덩이루 만든 집채더미 같은 시꺼먼 수레가 찻길 위

루 벼락치듯 달리는데, 땅바닥이 사뭇 움죽움죽하드라니깐! 여승 지동(지진)이야……. 그러니 땅이 그렇게 지동하듯 사철 들이 울리니, 근처 논의 모가 뿌리를 잡을 것이며, 자라기를 할 것인가?”

“…….”

듣고 보니 미상불 근리한 말이었다.

“몰랐으면이어니와, 알구두 그대루 있겠던가? 그래 좀 덜 받더래두 팔아넘길 양으루 하구 있는데, 소문을 들으니 길천이라는 손이 요새 값을 시세보담 갑절씩이나 내구 논을 산다데나그려. 정녕 그렇다면 철로 조간이 아니라두 팔아 가지구 딴 데루 가서 판 논 갑절되는 논을 장만함직두 한 노릇인데, 항차…….”

“철로가 그렇게 난다는 건 아주 적실한가요?”

“말끔 다 칙량을 하구, 말뚝을 박아 놓구 한 걸……. 황등 장터 그 일판은 그래, 논들을 못 팔아 난리가 났다니까.”

3

일인 길천이에게 일곱 마지기 논을 일백마흔 냥에 판 것과, 그 중 쉰 냥은 빚을 갚은 것, 이것까지는 한덕문의 예산대로 되었다.

그러나 나머지 아흔 냥으로, 판 논 일곱 마지기보다 토리가 못하지 아니한 논으로 두 마지기가 더한 아홉 마지기를 삼으로써 빚 쉰 냥은 공으로 갚고, 그러고도 논이 두 마지기가 붙게 된다던 것은 완전히 허사가 되고 말았다.

아무도 한덕문에게 상답 한 마지기를 열 냥씩에 팔려는 사람은 없었다. 이왕 일인 길천에게 팔면 그 갑절 스무 냥씩을 받는 고로 말이었다.

필경 돈 아흔 냥은 한덕문의 수중에서 한 반 년 동안 구르는 동안, 스실사실 다 없어지고 말았다.

이리하여 한덕문은 논 일곱 마지기로 겨우 빚 쉰 냥을 갚고는 아무 것도 남은 것이 없이, 손 싹싹 털고 나선 셈이었다.

친구가 있어 한덕문을 책하면서 물었다.

"어떡하자구 논을 판단 말인가?"

"인제 두구 보게나."

"무얼 두구 보아?"

"일인들이 다 쫓겨가면, 그 땅 도루 내 것 되지, 갈 데 있던가?"

"쫓겨갈 놈이 논을 사겠나?"

"저이 놈들이 천지 운수를 안다든가?"

"자네는 아나?"

"두구 보래두 그래."

한덕문은 혼자 속으로는 아뿔싸, 논이라야 단지 그것뿐인 것을 팔고 서, 인제는 송곳 꽂을 땅도 없으니 이 노릇을 어찌한단 말이냐고, 심히 후회하여 마지않았다.

그러면서도 남더러는 그렇게 배포 있이 장담을 탕탕 하였다.

한덕문은 장차에 일인들이 쫓겨가리라는 것을 확언할 아무런 근거도 가진 것이 없었다. 따라서 자신도 없었다. 오직 그는 논을 판 명예롭지 못함과 어리석음을 싸기 위하여, 그런 희떠운 소리를 한 것일 따름이었 다.

한덕문이 일인들이 다 쫓겨가면 그 논이 도로 제 것이 될 터이라서 논을 팔았다고 한다더라, 이 소문이 한 입 두 입 퍼지자 듣는 사람마다 그의 희떠움을 혹은 실없음을 웃었다.

하는 양을 보느라고 우정,

"자네 논 팔았다면서?"

한다 치면

"팔았지."

"어째서?"

"돈이 좀 아쉬워서."

"돈이 아쉽다구 논을 팔구서 어떡허자구?"

"일인들이 다 쫓겨가면 그 논 도루 내 것 되지 갈 데 있나?"

"일인들이 쫓겨간다든가?"

"그럼 백 년 살까?"

또 누구는 수작을 바꾸어

"일인들이 쫓겨간다지?"

한다 치면,

"그럼!"

"언제쯤 쫓겨가는구?"

"건 쫓겨가는 때 보아야 알지."

"에구 요 맹추야, 요 허풍선이야. 우리 나라 상감님을 쫓어내구 저이가 왕노릇을 하는데 쫓겨가?"

"자넨 그럼 일인들이 안 쫓겨나구, 영영 그대루 있으면 좋을 건 무언가?"

"좋기루 할 말이야 일러 무얼 하겠나만, 우리 좋구푼 대루 세상 일이 돼 준다던가?"

"그래두 인제 내 말을 일를 때가 오너니."

"괜히 논 팔구섬 할 말 없거들랑, 국으루 잠자꾸 가만히나 있어요."

하고 비웃곤 하는 것이었다.

"체에. 내 논 내가 팔아먹는데, 죄 될 일 있니?"

"걸 누가 죄라니?"

"길천이한테 논 팔아먹은 놈이 한덕문이 하나뿐인감?"

"누가 논 판 걸 나무래? 희떤 장담을 하니깐 그리는 거지."

"희떤 장담인지 아닌지 두구 보잔 말야."

이로부터 한덕문은 그 말로 인하여 마을과 인근에서 아주 호가 났고, 어느 결엔지 그것이 한 속담까지 되었다.

가령 어떤 엉뚱한 계획을 세운다든지 허랑한 일을 시작하여 놓고서는, 천연스럽게 성공을 자신한다든지, 결과를 기다린다든지 하는 사람이 있다치면,

"흥, 한덕문이 길천이에게다 논 팔아먹던 대 났구나."

하고 비웃곤 하는 것이었다.

그 후 그 속담은, 삼십오 년을 두고 전하여 내려왔다. 전하여 내려올 뿐만이 아니었다. 일본 제국주의의 조선에 있어서의 지반이 해가 갈수록 완구한* 것이 되어 감을 따라, 더욱이 만주사변 때부터 시작하여 중일전쟁을 거쳐, 태평양전쟁으로 일이 거창하게 벌어진 결과, 전쟁 수단으로서, 조선의 가치는 안으로 밖으로, 적극적으로 소극적으로, 나날이 더 커감을 좇아, 일본이 조선에다 박은 뿌리는 더욱 깊이 뻗어 들어가고, 가지와 잎은 더욱 무성하여서, 일본이 조선으로부터 물러간다는 것은 독립과 한가지로 나날이 더 잠꼬대 같은 생각이던 것처럼 되어 버려감을 따라, 그래서 한덕문의 장담하던 '일인들이 다 쫓겨가면……' 이 말이, 해가 가고 날이 갈수록 속절없이 무색하여감을 따라, 그와 반비례하여 그 말의 속담으로서의 가치와 효과만이 멸하지 않고 찬란히 빛을 내었다.

바로 팔월 십사일까지도 그러하였다. 팔월 십사일까지도,

"흥, 한덕문이 길천이한테 논 팔아먹던 대 났구나."

는 당당히 행세를 하였다.

그랬던 것이, 팔월 십오일에 일본이 항복을 하고, 조선은 독립(실상은 우선 해방)이 되고 하였다. 그리고 며칠 아니하여 '일인들이 토지와, 그

---

* 완구(完久)하다 오래 견딜 수 있게 완전하다.

밖 온갖 재산을 죄다 그대로 내놓고 보따리 하나에 몸만 쫓겨가게 되었다'는 데까지 이르렀다.

한 생원(한덕문)의,

"일인들이 다 쫓겨가면⋯⋯."

은 이리하여 부득불 빛이 환해지고 반대로,

"한덕문이 길천이한테 논 팔아먹던 대 났구나."

는 그만 얼굴이 벌게서 납작하고 말 수밖에 없었다.

4

"여보슈, 송 생원?"

한 생원이 허연 탑삭부리에 묻힌 쪼글쪼글한 얼굴이 위아래 다섯 대밖에 안 남은 누런 이빨과 함께 흐물흐물 자꾸만 웃어지는 웃음을 언제까지고 거두지 못하면서, 그러나 별안간 송 생원의 팔을 잡아 흔들면서 아주 긴하게,

"우리 독립 만세 한번 부르실까?"

"남 다아 부르고 난 댐에, 건 불러 무얼 허우?"

송 생원은 한 생원과 달라, 길천이한테 팔아먹은 논도 없으려니와, 따라서 일인들이 쫓겨가더라도 도로 찾을 논도 없었다.

"송 생원, 접때 마을에서 만세를 부를 제, 나가 부르셨던가?"

"난 그 날 허리가 아파 꼼짝 못 하구 누었었는걸."

"나두 그 날 고만 못 불렀어."

"아따, 못 불렀으면 못 불렀지, 늙은 것들이 만세 좀 아니 불렀기루 귀양살이 보내겠수?"

"난 그래두 좀 섭섭해 그랬지요⋯⋯. 그럼 송 생원, 우리 술 한잔 자실까?"

"술이나 한잔 사 주신다면."

"주막으루 나갑시다."

두 늙은이가 지팡이를 짚고 마을에 단 한 집밖에 없는 주막으로 나갔다.

"에구머니, 독립두 되구 볼 거야. 영감님들이 술을 다 자시러 오시구."

이십 년이나 여기서 주막을 하느라고, 인제는 중늙은이가 된 주모 판쇠네가 손님을 환영이라기보다 다뿍 걱정스러워한다.

"미리서 외상인 줄이나 알구, 술 좀 주게나."

한 생원이 그러면서 술청으로 들어가 앉는 것을, 송 생원도 따라들어가 앉으면서 주모더러,

"외상 두둑히 드리게, 수가 나섰다네."

"독립되는 운덤에 어느 고을 원님이나 한 자리 해 가시는감?"

"원님을 걸 누가 성가시게, 흐흐……."

한 생원은 그러다 다시,

"거, 안주가 무어 좀 있나?"

"안주두 벤벤찮구 술두 막걸린 없구 소주뿐인걸, 노인네들이 소주 잡숫구 어떡허시게."

"아따, 오줌은 우리가 아니 싸리."

젊었을 적에는 동이술을 사양치 아니하던 영감들이었다. 그러나 둘이가 다 내일 모레가 칠십. 더구나 자주자주는 술을 입에 대지 않던 차에, 싱겁다고는 하지만 소주를 칠팔 잔씩이나 하였으니, 과음일 수밖에 없었다.

송 생원은 그대로 술청에 쓰러져 과연 소변을 지리기까지 하였다.

한 생원은 송 생원보다는 아직 기운이 조금은 좋은 덕에, 정신을 놓거나 몸을 가누지 못할 지경은 아니었다.

"우리 논을 좀 보러 가야지, 우리 논을. 서른다섯 해 만에 우리 논을 보러 간단 말야, 흐흐흐."

비틀거리면서 한 생원은 술청으로부터 나온다.

주모 판쇠네가 성화가 나서,

"방으루 들어가 누섰다, 술 깨신 댐에 가세요. 노인네들 술 드렸다구 날 또 욕허게 됐구면."

"논 보러 가, 논. 길천이에게다 판 우리 논. 흐흐흐. 서른다섯 해 만에 도루 찾은 우리 일곱 마지기 논, 흐흐흐."

"글쎄, 논은 이 댐에 보러 가시면, 어디루 가요?"

"날 희떤 소리 한다구들 웃었지, 미친놈이라고 웃었지, 들. 흐흐흐. 서른다섯 해 만에 내 말이 들어맞일 줄을 누가 알았어? 흐흐흐."

말은 혀 꼬부라진 소리로, 몸은 위태로이 비틀거리면서, 한 생원은 지팡이를 휘젓고 밖으로 나간다. 나가다 동네 젊은 사람과 마주쳤다.

"아 한 생원, 웬일이세요?"

"논 보러 간다, 논. 흐흐흐. 너두 이 녀석, '한덕문이 길천이한테 논 팔아 먹던 대 났구나.' 그런 소리 더러 했었지? 인제두 그런 소리가 나오까?"

"취하셨군요."

"나, 외상술 먹었지. 논 찾았은깐 또 팔아서 술값 갚으면 고만이지. 그럼 한 서른다섯 해 만에 또 내 것 되겠지, 흐흐흐. 그렇지만 인전 안 팔지, 안 팔아. 우리 용길이 놈 물려줘야지. 우리 용길이 놈."

"참 용길이 요새 있죠?"

"있지. 길천이한테 팔아먹었을까?"

"저, 읍내 사는 영남이가 산판 하날 사서 벌목을 하는데, 이 동네 사람들더러 와 남구 비어 주구, 그 대신 우죽(잔가지) 가져가라구 하니, 용길이두 며칠 보내서 땔나무나 좀 장만하시죠."

"걸 누가…… . 논을 도루 찾았는데."

"논만 찾으면 땔나무 없어두 사시나요?"

"논두 없어두 서른다섯 해나 살지 않었느냐?"

"허허 참. 그러지 마시구 며칠 보내세요. 어서서 다 비어 버려야 할 텐데, 도무지 사람을 못 구해 그러니, 절더러 부디 그럭허두룩 서둘러 달라구, 영남이가 여간한 부탁을 해 싸야죠. 아, 바루 동네서 가찹겠다, 져 나르기 수월허구…… . 요 위 가잿골 있는 길천농장 멧갓이래요."

"무어?"

한 생원은 별안간 정신이 번쩍 나면서 대어든다.

"가잿골 있는 길천농장 멧갓이라구?"

"네."

"네라니? 그 멧갓이…… . 가만안자, 아니, 그 멧갓이 뉘 멧갓이길래?"

"길천농장 멧갓 아녀요? 걸, 영남이가 일인들이 이번에 거들이 나는 바람에, 농장 산림감독 하던 강 서방한테 샀대요."

"하, 이런 도적놈들. 이런 천하 불한당놈들. 그래, 지끔두 벌목을 하구 있더냐?"

"오늘버틈 시작했다나 봐요."

"하, 이런 천하 날불한당놈들이."

한 생원은 천방지축으로 가잿골을 향하여 비틀걸음을 친다.

솔은 잘 자라지 않고, 개간하여 밭을 만들자 하니 힘이 부치고 하여, 이름만 멧갓이지 있으나 마나 한 멧갓 한 자리가 있었다. 한 삼천 평 될까 말까 그다지 크지도 못한 것이었다.

이 멧갓을 한 생원은 길천이에게다 논을 팔던 이듬핸지 그 이듬핸지, 돈이 아쉽고 한 판에, 또한 어수룩이 비싼 값으로 팔아 넘겼다.

길천은 그 멧갓에다 낙엽송을 심어, 삼십여 년이 지난 지금 와서는 아주 한다 하는 산림이 되었다.

늙은이의 총기요, 논을 도로 찾게 되었다는 것에만 정신이 팔려, 깜빡 멧갓 생각은 미처 아직 못 하였던 모양이었다.

마침 전신주감의 쪽쪽 곧은 낙엽송이 총총들이 섰다. 베기에 아까워 보이는 나무였다.

한 서넛이 나가 한편에서부터 깡그리 베어 눕히고, 일변 우죽을 치고 한다.

"이놈, 이 불한당놈들. 이 멧갓 벌목한다는 놈이 어떤 놈이냐?"

비틀거리면서 고함을 치고 쫓아오는 한 생원을, 사람들은 영문을 몰라 일하던 손을 멈추고 뻔히 바라다보고 섰다.

"이놈, 너루구나?"

한 생원은 영남이라는 읍내 사람 벌목 주인 앞으로 달려들면서, 한 대 갈길 듯이 지팡이를 둘러멘다.

명색이 읍사람이라서, 촌 농투성이에게 무단히 해거*를 당하면서 공수하거나 늙은이 대접을 하려고는 않는다.

"아니, 이 늙은이가 환장을 했나? 왜 그러는 거야, 왜?"

"이놈. 네가 왜 이 멧갓에 손을 대느냐?"

"무슨 상관여?"

"어쩨 이놈아, 상관이 없느냐?"

"뉘 멧갓이길래?"

"내 멧갓이다. 한덕문이 멧갓이다, 이놈아."

"허허, 내 별꼴 다 보니. 괜시리 술잔 든질렀거들랑 고이 삭히진 아녀구서, 나이깨 먹은 것이, 왜 남 일하는 데 와서 이 행악야 행악이. 늙은이 다리 뼉다구 부러지지 말란 법 있나?"

---

* 해거 괴상하고 얄궂은 짓.

"오냐! 이놈, 날 죽여라. 너구 나구 죽자."

"대체 내력을 말을 해요. 무엇 때문에 이 야론지, 내력을 말을 해요."

"이 멧갓이 그새까진 길천이 것이라두, 조선이 독립됐은깐 인전 내 것이란 말야, 이놈아."

"조선이 독립이 됐는데, 어째 길천이 멧갓이 한덕문이 것이 되는구?"

"길천인, 일인들은 땅을 죄다 내놓고 간깐, 그 전 임자가 도루 차지하는 게 옳지, 무슨 말이냐?"

"오오 이녁이 이 멧갓을 전에 길천이한테다 팔았다?"

"그래서."

"그랬으니깐, 일인들이 땅을 다 내놓구 가니깐, 이녁은 팔았던 땅을 공짜루 도루 차지하겠다?"

"그래서."

"그 개 뭣 같은 소리 인전 엔간치 해 두구, 어서 없어져 버려요. 난 뻐젓이 길천농장 산림관리인 강태식이한테 시퍼런 돈 이천 환 주구서, 계약서 받구 샀어요. 강태식인 길천이가 해 준 위임장 가지구 팔구. 돈 내구 산 사람이 임자지, 저 옛날 돈 받고 팔아먹은 사람이 임잘까?"

팔일오 직후, 낡은 법이 없어지고 새로운 영이 서기 전, 혼란한 틈을 타서 잇속에 눈이 밝은 무리들이 일본인 농장이나 회사의 관리자와 부동이 되어 가지고, 일인의 재산을 부당 처분하여 배를 불린 일이 허다하였다. 이 산판 사건도 그런 것의 하나였다.

5

그 뒤 훨씬 지나서.

일인의 재산을 조선 사람에게 판다, 이런 소문이 들렸다.

사실이라고 한다면 한 생원은 그 논 일곱 마지기를 돈을 내고 사지 않고서는 도로 차지할 수가 없을 판이었다. 물론 한 생원에게는 그런 재력이 없거니와 도대체 전의 임자가 있는데, 그것을 아무에게나 판다는 것이 한 생원으로 보기에는 불합리한 처사였다.

한 생원은 분이 나서 두 주먹을 쥐고 구장에게로 쫓아갔다.

"그래 일인들이 죄다 내놓고 가는 것을, 백성들더러 돈을 내구 사라구 마련을 했다면서?"

"아직 자세힌 모르겠어두, 아마 그렇게 되기가 쉬우리라구들 하드군요."

해방 후에 새로 난 구장의 대답이었다.

"그런 놈의 법이 어딨단 말인가? 그래, 누가 그렇게 마련을 했는구?"

"나라에서 그랬을 테죠."

"나라?"

"우리 조선 나라요."

"나라가 다 무어 말라비틀어진 거야? 나라 명색이 내게 무얼 해 준 게 있길래, 이번엔 일인이 내놓구 가는 내 땅을 저이가 팔아먹으려구 들어? 그게 나라야?"

"일인의 재산이 우리 조선 나라 재산이 되는 거야 당연한 일이죠."

"당연?"

"그렇죠."

"흥, 가만 둬 두면 저절루 백성의 것이 될 걸, 나라 명색은 가만히 앉었다 어디서 툭 뛰어나와 가지구, 걸 뺏어서 팔아먹어? 그 따위 행사가 어딨다든가?"

"한 생원은 그 논이랑 멧갓이랑 길천이한테 돈을 받고 파셨으니깐, 임자로 말하면 길천이지 한 생원인가요?"

"암만 팔았어두, 길천이가 내놓고 쫓겨갔은깐, 도루 내 것이 돼야 옳지, 무슨 말야. 걸, 무슨 탁에 나라가 뺏을 영으루 들어?"

"한 생원한테 뺏는 게 아니라, 길천이한테 뺏는 거랍니다."

"흥, 둘러다 대긴 잘들 허이. 공동묘지 가 보게나, 핑계 없는 무덤 있던가? 저, 병신년에 원놈 김가가 우리 논 열두 마지기 뺏을 제도 핑곈 다 있었드라네."

"좌우간, 아직 그렇게 지레 염렬 하실 게 아니라, 기대리구 있느라면 나라에서 다 억울치 않두룩 처단을 하겠죠."

"일없네. 난 오늘버틈 도루 나라 없는 백성이네. 제길, 삼십육 년두 나라 없이 살아왔을려드냐. 아니 글쎄, 나라가 있으면 백성한테 무얼 좀 고마운 노릇을 해 주어야 백성두 나라를 믿구, 나라에다 마음을 붙이구 살지. 독립이 됐다면서 고작 그래, 백성이 차지할 땅 뺏어서 팔아먹는 게 나라 명색야?"

그리고는 털고 일어서면서 혼자말로,

"독립 됐다구 했을 제, 내, 만세 안 부르기 잘했지."

치숙*

　우리 아저씨 말이지요? 아따 저 거시키, 한참 당년에 무엇이냐 그놈의 것, 사회주의라더냐, 막덕*이라더냐 그걸 하다, 징역 살고 나와서 폐병으로 시방 앓고 누웠는 우리 오촌 고모부 그 양반…….

　머, 말도 마시오. 대체 사람이 어쩌면, 글쎄……. 내 원!

　신세 간데없지요.

　자, 십 년 적공, 대학교까지 공부한 것 풀어 먹지도 못했지요, 좋은 청춘 어영부영 다 보냈지요. 신분에는 전과자라는 붉은 도장 찍혔지요, 몸에는 몹쓸 병까지 들었지요.

　이 신세를 해 가지굴랑은 굴 속 같은 오두막집 단칸 셋방 구석에서 사시장철 밤이나 낮이나 눈 딱 감고 드러누웠군요.

　재산이 어디 집 터전인들 있을 턱이 있나요. 서발막대* 내저어야 짚

---

* **치숙**(痴叔)　어리석은 아저씨.
* **막덕**　마르크스주의를 믿는 사람이나 행위를 낮추어 부르는 말.
* **서발막대**　매우 긴 장대를 강조하여 이르는 북한말.

검불 하나 걸리는 것 없는 철빈인데.

우리 아주머니가, 그래도 그 아주머니가, 어질고 얌전해서 그 알량한 남편 양반 받드느라 삯바느질이야, 남의 집 품빨래야, 화장품 장사야, 그 칙살스런* 벌이를 해다가 겨우겨우 목구멍에 풀칠을 하지요.

어디로 대나 그 양반은 죽는 게 두루 좋은 일인데 죽지도 아니해요.

우리 아주머니가 불쌍해요. 아, 진작 한 나이라도 젊어서 팔자를 고치는 게 아니라, 무슨 놈의 우난* 후분*을 바라고 있다가 끝끝내 고생을 하는지. 근 이십 년 소박을 당했지요. 이십 년을 설운 청춘 한숨으로 보내고서 다 늦게야 송장 여대치게* 생긴 그 양반을 그래도 남편이라고 모셔다가는 병 수발 들랴, 먹고 살랴, 애자진하고* 다니는 걸 보면 참말 가엾어요.

그게 무슨 죄다짐(죄 갚음)이람? 팔자 팔자 하지만 왜 팔자를 고치지를 못하고서 그래요. 죄선(조선) 구식 부인네들은 다 문명을 못하고 깨지를 못해서 그러지.

그 양반이 한시바삐 죽기나 했으면 우리 아주머니는 차라리 신세 편하리다.

심덕 좋겠다 솜씨 얌전하겠다 하니, 어디 가선들 제가(자기) 일신 몸 가누고 편안히 못 지내요?

가만있자, 열여섯 살에 아저씨네 집으로 시집을 갔다니깐 그게 내가 세 살 적이니 꼬박 열여덟 해로군. 열여덟 해면 이십 년 아니오.

그 때 우리 아저씨 양반은 나이 어리기도 했지만 공부를 한답시고 서울로, 동경으로 십여 년이나 돌아다녔고 조금 자라서 색시 재미를 알

---

* **칙살스럽다** 하는 짓이나 말 따위가 잘고 더러운 데가 있다.
* **우나다** 두드러지게 다르다. 빛나다.
* **후분** 사람의 평생을 셋으로 나눈 것의 마지막 부분. 늙은 뒤의 운수나 처지를 이름.
* **여대치다** 뺨치게 낫다. 능가하다.
* **애자진하다** 자진하여 애를 쓰다.

만하니까는 누가 이쁘달까 봐 이혼하자고 아주머니를 친정으로 쫓고는 통히(도무지) 불고(돌아보지 아니함.)를 하고…….

공부를 다 마치고 오더니만, 그 담에는 그놈의 짓에 들입다 발광해 다니면서 명색 학생 출신이라는 딴 여편네를 얻어 살았지요. 그 여편네는 나도 몇 번 보았지만 쌍판대기라고 별반 출 수도 없이 생겼습디다. 그 인물로 남의 첩이야? 일색 소박은 있어도 박색 소박은 없다더니, 사실 소박맞은 우리 아주머니가 그 여편네게다 대면 월등 이뻤다우.

그래 그 뒤에, 그 양반은 필경 붙들려 가서 오 년이나 전중이(징역)를 살았지요. 그 동안에 아주머니는 시집이고 친정이고 모두 폭 망해서 의지가지 없이 됐지요.

그러니 어떻게 해요? 자칫하면 굶어 죽을 판인데.

할 수 없이 얻어먹고 살기도 해야 하려니와 또 아저씨 나오는 것도 기다려야 한다고 나를 반연 삼아 서울로 올라왔더군요. 그게 그러니까 아저씨가 나오던 그 전해로군.

그 때 내가 나이는 어려도 두루 날뛴 보람이 있어서 이내 구라타상네 식모로 들어갔지요.

그 무렵에 참 내가 아주머니더러 여러 번 권면을 했지요. 그러지 말고 개가를 가라고. 글쎄 어린 소견에도 보기에 퍽 딱하고 민망합디다.

계제에 마침 또 좋은 자리가 있었고요. 미네상이라고 미쓰코시* 안에서 바나나 다타키우리*를 하는 인데 사람이 퍽 좋아요.

우리 집 다이쇼(주인)도 잘 알고 하는데, 그이가 늘 날더러 죄선 오캄상*하구 살았으면 좋겠다고, 중매 서 달라고 그래쌓어요.

돈은 모아 둔 게 없어도 다 벌어먹고 살 만하니까 그런 사람 만나서

* 미쓰코시 일제 시대의 화신 백화점 이름.
* 다타키우리 거리 상인들의 싸구려 팔기를 뜻하는 일본말.
* 오캄상 마누라, 안주인을 뜻하는 일본말.

살면 아주머니도 신세 편할 게 아니라구요.

그런 걸 글쎄 몇 번 말해도 숭헌 소리 말라고 듣질 않는 걸 어떡하나요.

아무튼 그런 것 말고라도 참, 흰말*이 아니라 이 날 이 때까지 내가 그 아주머니 뒤도 많이 보아 주었다우. 또 나도 그럴 만한 은공이 없잖아 있구요.

내가 일곱 살에 부모를 잃었지요. 그러고 나서 의탁할 곳이 없이 됐는데 그 때 마침 소박을 맞고 친정살이를 하는 그 아주머니가 나를 데려다가 길러 주었지요.

그 때만 해도 그 집이 그다지 군색하게 지내진 않았으니깐요. 아주머니도 아주머니지만 종조 할머니*며 할아버지도 슬하에 딴 자손이 없어서 나를 퍽 귀애하겠지요.

열두 살까지 그 집에서 자랐군요.

사 년이나마 보통 학교도 다녔고.

아마 모르면 몰라도 그 집안이 그렇게 치패*하지만 안 했으면 나도 그냥 붙어 있어서 시방쯤은 전문 학교까지는 다녔으리다.

이런 은공이 있으니까 나도 그걸 저버리지 않고 그래서 내 깜냥에는 갚을 만치 갚노라고 갚은 셈이지요.

하기야 요새도 간혹 아주머니가 찾아와서 양식 없다는 사정을 더러 하곤 하는데 실토정 말이지 좀 성가시기는 해요. 그러는 족족 그 수응을 하자면 내 일을 못 하겠는걸. 그래 대개 잘라 떼기는 하지요.

그렇지만 그 밖에, 가령 양 명절 때면 고깃근이라도 사 보낸다든지, 또 오면가면 들러 이야기 낱이라도 한다든지 그런 건 결단코 범연히 하

---

* 흰말 흰소리. 터무니없이 자랑으로 떠벌리거나 거드럭거리며 허풍을 떠는 말.
* 종조할머니 할아버지의 남자 형제인 종조할아버지의 아내.
* 치패(致敗) 살림이 아주 결딴남.

진 않으니까요.

아무튼 그래서 아주머니는 꼬박 일 년 동안 구라타상네 집 오마니로 있으면서 월급 오 원씩 받는 걸 그대로 고스란히 저금을 하고, 또 틈틈이 삯바느질을 맡아다가 조금씩 벌어 보태고 또 나올 무렵에 구라타상네 양주가 퍽 기특하다고 돈 칠 원을 상급으로 주고 그런 게 이럭저럭 돈 백 원이나 존존히 됐지요.

그 돈으로 방 한 칸 얻고 살림 나부랭이도 조금 장만하고, 그래 놓고서 마침 그 알량꼴량한 서방님이 놓여 나오니까 그리로 모셔 들였지요.

놓여 나오는 날 나도 가서 보았지만 가막소 문 앞에 막 나서자 아주머니가 기다리고 있으니까 그래도 눈물이 핑 돌던데요.

전에 그렇게도 죽을 동 살 동 모르고 좋아하던 첩년은 꼴도 안 뵈구요. 남의 첩년이란 건 다 그런 거지요, 뭐.

우리 아저씨 양반은 혹시 그 여편네가 오지 않았나 하고 사방을 휘휘 둘러 보던데요. 속이 그렇게 없다니까. 여편네는커녕 아주머니하고 나하고 그 외는 어리친 개새끼 한 마리 없더라*.

그래 막 자동차에 올라타려다가 피를 토했지요. 나중에 들었지만 가막소 안에서 달포 전부터 토혈을 했다나 봐요.

그래 다 죽어가는 반송장을 업어오다시피 해다가 뉘어 놓고, 그 날부터 아주머니는 불철 주야로 할 짓 못할 짓 다해 가면서 부스대고 날뛴 덕에 병도 차차로 차도가 있고 그러더니 인제는 완구히 살아는 났지요. 뭐 참 시방은 용 꼴인걸요, 용 꼴.

부인네 정성이 무서운 겝디다.

꼬박 삼 년이군. 나 같으면 돌아가신 부모가 살아 오신대도 그짓 못해요.

---

* 어리친 개새끼 한 마리 없다 아무도 얼씬하는 사람이 없다는 말.

자, 그러니 말이지요. 우리 아저씨라는 양반이 작히나* 양심이 있고 다 그럴 양이면, 어허 내가 어서 바삐 몸이 충실해져서, 어서 바삐 돈을 벌어다가 저 아내를 편안히 거느리고 이 은공과 전날의 죄를 갚아야 하겠구나……. 이런 맘을 먹어야 할 게 아니라구요?

아주머니의 은공을 갚자면 발에 흙이 묻을세라 업고 다녀도 참 못다 갚지요.

그러고 저러고 간에 자기도 인제는 속 차려야지요. 하기야 속을 차려서 무얼 하재도 전과자니까 관리나 또 회사 같은 데는 들어가지 못하겠지만 그야 자기가 저지른 일인 걸 누구를 원망할 일도 아니고, 그러니 막 벗어부치고 노동이라도 해야지요.

대학교 출신이 막벌이 노동이란 게 꼴 가관이지만 그래도 할 수 없지, 뭐.

그런 걸 보고 가만히 나를 생각하면, 만약 우리 종조할아버지네 집안이 그렇게 치패를 안 해서 나도 전문 학교를 졸업을 했으면 혹시 우리 아저씨 모양이 됐을지도 모를 테니 차라리 공부 많이 않고서 이 길로 들어선 게 다행이다……. 이런 생각이 들어요.

사실 우리 아저씨 양반은 대학교까지 졸업하고도 인제는 기껏 해 먹을 거란 막벌이 노동밖에 없는데, 보통 학교 사 년 겨우 다니고서도 시방 앞길이 환히 트인 내게다 대면 고쓰카이(사환)만도 못하지요.

아, 그런데 글쎄 막벌이 노동을 하고 어쩌고 하기는커녕 조금 바시시 살아날 만하니까 이 주책꾸러기 양반이 무슨 맘보를 먹는고 하니, 내 참 기가 막혀!

아니, 그놈의 것하고는 무슨 대천지원수가 졌단 말인지, 어쨌다고 그걸 끝끝내 하지 못해서 그 발광인고?

---

* 작히나 오죽이나, 어찌 조금만큼만.

그러나마 그게 밥이 생기는 노릇이란 말인지? 명예를 얻는 노릇이란 말인지. 필경은 붙잡혀 가서 징역 사는 놀음?

아마 그놈의 것이 아편하고 꼭 같은가 봐요. 그렇길래 한번 맛을 들이면 끊지를 못하지요.

그렇지만 실상 알고 보면 그게 그다지 재미가 난다거나 맛이 있다거나 그런 것도 아니더군 그래요. 부랑당패던데요. 하릴없이 부랑당팹디다.

저, 서양 어디선가, 일하기 싫어하는 게으름뱅이 몇 놈이 양지짝에 모여 앉아서 놀고 먹을 궁리를 했더라나요. 우리 집 다이쇼가 다 자상하게 이야기를 해 줍디다.

게, 그 녀석들이 서로 구누*를 하기를, 자, 이 세상에는 부자가 있고 가난한 사람이 있고 하니 그건 도무지 공평한 일이 아니다. 사람이란 건 이목 구비하며 사지 육신을 꼭같이 타고났는데 누구는 부자로 잘 살고 누구는 가난하다니 그게 될 말이냐. 그러니 부자가 가진 것을 우리 가난한 사람들 하고 다 같이 고르게 나눠 먹어야 경우가 옳다.

야, 그거 옳은 말이다. 야! 그 말 좋다. 자, 나눠 먹자.

아, 이렇게 설도를 해 가지고 우 하니 들고 일어났다는군요.

아니, 그러니 그게 정말 생 날부랑당 놈의 짓이 아니고 무어요?

사람이란 것은 제가끔 분지복*이 있어서 기수*를 잘 타고나든지 부지런하면 부자가 되는 법이요, 복록을 못 타고나든지 게으른 놈은 가난하게 사는 법이요, 다 이렇게 마련인데, 그거야말로 공평한 천리인 것을, 됩다 불공평하다니 될 말이오? 그러고서 억지로 남의 것을 뺏어먹자고 들다니 그놈들이 부랑당이지 무어요.

짓이 부랑당 짓일 뿐만 아니라, 또 만약에 그리기로 들면 게으른 놈

---

* **구누** 못마땅하여 혼자 군소리를 하는 일.
* **분지복**(分之福) 각자 타고난 복.
* **기수**(氣數) 저절로 오고 가고 한다는 길흉화복의 운수.

은 점점 더 게으름만 부리고 쫓아다니면서 부자 사람네가 가진 것만 뺏어 먹을 테니 이 세상은 통으로 도적놈의 판이 될 게 아니오? 그나마, 부자 사람네가 모아 둔 걸 다 뺏기고 더는 못 먹여 내는 날이면 그 때는 이 세상 망하는 날이 아니오?

저마다 남이 농사지어 놓으면 그걸 뺏어 먹으려고 일 않고 번둥번둥 놀 것이고 남이 옷감 짜 놓으면 그걸 뺏어다가 입으려고 번둥번둥 놀 것이고 그럴 테니 대체 곡식이며 옷감이며 그런 것이 다 어디서 나올 데가 있어야지요. 세상 망할밖에!

글쎄 그놈의 짓이 그렇게 세상 망쳐놀 장본인 줄은 모르고서 가난한 놈들, 그 중에도 일하기 싫은 게으름뱅이들이 위선 당장 부자 사람네 것을 뺏어먹는다니까 거기 혹해 가지굴랑 너도나도 와 하니 참섭을 했다는구려.

바루 저 아라사(러시아)가 그랬대요.

그래서 아니나다를까 농군들이 곡식을 안 만들기 때문에 사람이 수만 명씩 굶어죽는다는구려. 빤한 이치지 뭐.

위선 먹기는 곶감이 달다고 그 지랄들을 했다가 잘코사니*야!

아 그런데 그 못된 놈의 풍습이 삽시간에 동서양 각국 안 간 데 없이 퍼져 가지굴랑 한동안 내지*에도 마구 꽹장히 드세게 돌아다녔고 내지가 그러니까 멋도 모르는 죄선 영감상들도 덩달아서 그 숭내를 냈다나요.

그렇지만 시방은 그새 나라에서 엄하게 밝히고 금하고 한 덕에 많이 너끔해졌고 그런 마음 먹는 사람은 별반 없다나 봐요.

그럴 게지 글쎄. 아, 해서 좋을 양이면야 나라에선들 왜 금하며 무슨 원수가 졌다고 붙잡아다가 징역을 살리나요.

---

* 잘코사니 미운 사람의 불행을 고소하게 여길 때 하는 소리.
* 내지(內地) 외국이나 식민지에서 본국을 이르는 말. 여기에선 일본을 가리킴.

좋고 유익한 것이면 나라에서 도리어 장려하고, 잘할라치면 상금도 주고 그러잖아요.

활동 사진이며 스모(일본 씨름)며 만자이(만담)며 또 왓쇼왓쇼('영차영차'의 일본어. 여기서는 일본 전통 축제를 가리킴.)랄지 세이레이 낭아시(7월 보름에 제물을 강이나 바다에 띄우는 일본 불교 행사.)랄지 라디오 체조랄지 이런 건 다 유익한 일이니까 나라에서 설도도 하고 그러잖아요.

나라라는 게 무언데? 그런 걸 다 잘 분간해서 이럴 건 이러고 저럴 건 저러라고 지시하고, 그 덕에 백성들을 제각기 제 분수대로 편안히 살도록 애써 주는 게 나라 아니오?

그놈의 것 사회주의만 하더라도 나라에서 금하질 않고 저희가 하는 대로 둬두었어 보아? 시방쯤 세상이 무엇이 됐을지…….

다른 사람들도 낭패 본 사람이 많았겠지만, 위선 나만 하더라도 글쎄 어쩔 뻔했어! 아무 일도 다 틀리고 뒤죽박죽이지.

내 이상과 계획은 이렇거든요.

우리 집 다이쇼가 나를 자별히 귀애하고 신용을 하니깐 인제 한 십년만 더 있으면 한밑천 들여서 따로 장사를 시켜 줄 그럴 눈치거든요.

그러거들랑 그것을 언덕 삼아 가지고 나는 삼십 년 동안 예순 살 환갑까지만 장사를 해서 꼭 십만 원을 모을 작정이지요. 십만 원이면 죄선 부자로 쳐도 천석꾼이니 머, 떵떵거리고 살 게 아니라구요.

그리고 우리 다이쇼도 한 말이 있고 하니까 나는 내지인 규수한테로 장가를 들래요. 다이쇼가 다아 알아서 얌전한 자리를 골라 중매까지 서 준다고 그랬어요.

내지 여자가 참 좋지요.

나는 죄선 여자는 거저 주어도 싫어요.

구식 여자는 얌전은 해도 무식해서 내지인하고 교제하는 데 안 됐고, 신식 여자는 식자가 들었다는 게 건방져서 못 쓰고, 도무지 그래서 죄선 여자는 신식이고 구식이고 다 제바리*여요.

내지 여자가 참 좋지 뭐. 인물이 개개 일자로 이쁘겠다, 얌전하겠다, 상냥하겠다, 지식이 있어도 건방지지 않겠다, 좀이나 좋아!

그리고 내지 여자한테 장가만 드는 게 아니라 성명도 내지인 성명으로 갈고, 집도 내지인 집에서 살고, 옷도 내지 옷을 입고, 밥도 내지식으로 먹고, 아이들도 내지인 이름을 지어서 내지인 학교에 보내고…….

내지인 학교라야지 죄선 학교는 너절해서 아이들 버려 놓기나 꼭 알맞지요. 그리고 나도 죄선말은 싹 걷어치우고 국어(당시에는 일본어)만 쓰고요.

이렇게 다 생활 법식부터도 내지인처럼 해야만 돈도 내지인처럼 잘 모으게 되거든요.

내 이상이며 계획은 이래서, 그 십만 원짜리 큰 부자가 바로 내다뵈고 그리로 난 길이 환하게 트이고 해서 나는 시방 열심으로 길을 가고 있는데, 글쎄 그 미쳐살미* 든 놈들이 세상 망쳐 버릴 사회주의를 하려드니, 내가 소름이 끼칠 게 아니라구요? 말만 들어도 끔찍하지!

세상이 망해서 뒤집히면 그래 나는 어쩌란 말인구? 아무것도 다 허사가 될 테니 그런 억울한 데가 있더람?

머 참 우리 집 다이쇼 말이 일일이 지당해요.

여느 절도나 강도나 사기나 그런 죄는 도적이면 도적을 해 가는 그 당장, 그 돈만 축을 내니까 오히려 죄가 가볍지만, 그놈의 것 사회주의인지 지랄인지는 온 세상을 뒤죽박죽을 만들어 놓고 나라를 통째로 소란하게 하니까 도저히 용서할 수가 없대요.

용서라니! 나 같으면 그런 놈들은 모조리 쓸어다가 마구 그저 그냥…….

---

* 제바리 막일꾼들이 자기의 불만을 나타낼 때 하는 말.
* 미쳐살미 미쳐서 사는 일.

그런 일을 생각하면 털어놓고 말이지 우리 아저씬가 그 양반도 여간 불측스러 뵈질 안 해요. 사실 아주머니만 아니면 내가 무슨 천주학이라고, 나쁜 병까지 않는 그 양반을 찾아다니나요. 죽는대도 코도 안 풀어 붙일걸.

그러나마 전자의 죄상을 다 회개를 하고 못된 마음을 씻어 버렸을 새 말이지, 머 흰 개 꼬리 삼 년이라더냐*, 종시 그 모양인걸요.

그러니깐 그게 밉살머리스러워서, 더러 들렀다가 혹시 마주 앉아도 위정(일부러) 뼈끝 저린 소리나 내쏘아 주고 말을 따잡아 가지굴랑 꼼짝 못하게시리 몰아세 주곤 하지요.

저번에도 한 번 혼을 단단히 내주었지요. 아, 그랬더니 아주머니더러 한다는 소리가, 그녀석 사람 버렸더라고, 아무짝에도 못 쓰게 길이 들었더라고 그러더러나요.

내 원, 그 소리 듣고 하도 어처구니가 없어서!

대체 사람도 유만 부동이지 그 아저씨가 날더러 사람 버렸느니 아무 짝에도 못 쓰게 길이 들었느니 하더라니, 원 입이 몇 개나 되면 그런 소리가 나오는 구멍도 있누? 죄선 벙어리가 다 말을 해도 나 같으면 할 말 없겠더구면서도, 하면 다 말인 줄 아나 봐?

이를테면 그게 명색 훈계 비슷한 거렷다? 내게다가 맞대 놓고 그런 소리를 하다가는 되잡혀서 혼이 날 테니까 슬며시 아주머니더러 이르란 요량이든 게지?

기가 막혀서……. 하느님이 사람의 콧구멍 두 개로 마련하기 참 다행이야.

글쎄 아무려면 내가 자기처럼 다 공부는 못하고 남의 집 고소* 노릇

---

* **흰 개 꼬리 삼 년이다** 원래 '개 꼬리 삼 년 묵어도 황모 되지 않는다.'라는 숙어로, 본바탕이 좋지 아니한 것은 어떻게 해도 그 본질이 좋아지지 아니함을 비유적으로 이르는 말.
* **고소(小僧)** '심부름꾼'의 일본말.

으로 반토* 노릇으로 이렇게 굴러 먹을 값이, 이래 보여도 표창을 두 번이나 받은 모범 점원이요, 남들이 똑똑하고 재주 있고 얌전하다고 칭찬이 놀랍고 앞길이 환히 트인 유망한 청년인데 그래 자기 눈에는 내가 버린 놈이고 아무짝에도 못 쓰게 길이 든 놈으로 보였단 말이지?

하하, 오옳지! 거 참 그렇겠군. 자기는 자기 하는 짓이 옳으니까 남이 하는 짓은 다 글렀단 말이렷다?

그러니까 나도 자기처럼 그놈의 것 사회주읜지 급살 맞을 것인지나 하다가 징역이나 살고 전과자나 되고 폐병이나 앓고 다 그랬더라면 사람 버리지도 않고 아무짝에도 못 쓰게 길든 놈도 아니고 그럴 뻔했군그래!

흥! 참…….

제 밑 구린 줄 모르고서 남더러 어쩌구저쩌구 한다는 게 꼭 우리 아저씨 그 양반을 두고 이른 말인가 봐.

그 날도 실상 이랬더라우. 혼을 내주었더니 아주머니더러 그런 소리를 하더란 그 날 말이오.

그 날이 마침 내가 쉬는 날이길래 아주머니더러 할 이야기도 있고 해서 아침결에 좀 들렀더니, 아주머니는 남의 혼인집으로 바느질을 해 주러 갔다고 없고, 아저씨 양반만 여전히 아랫목에 가서 드러누웠어요.

그런데 보니깐 어디서 모두 뒤져냈는지 머리맡에다가 헌 언문 잡지를 수북이 쌓아 놓고는 그걸 뒤져요.

그래 나도 심심 삼아 한 권 집어 들고 떠들어 보았더니, 뭐 읽을 맛이 나야지요.

대체 죄선 사람들은 잡지 하나를 해도 어찌 모두 그 꼴락서니로 해 놓는지.

---

* 반토(番頭) 상가의 고용인 우두머리. 상점의 지배인을 뜻하는 일본말.

사진도 없지요, 망가(만화)도 없지요.

그러고는 맨판 까탈스런 한문 글자로다가 처박아 놓으니 그걸 누구더러 보란 말인고?

더구나 우리 같은 놈은 언문도 그런 대로 뜯어 보기는 보아도 읽기에 여간만 폐롭지가 않아요.

그러니 어려운 언문하고 까다로운 한문하고를 섞어서 쓴 글은 뜻을 몰라 못 보지요. 언문으로만 쓴 것은 소설 나부랭인데, 읽기가 힘이 들 뿐 아니라 또 죄선 사람이 쓴 소설이란 건 재미가 있어야죠. 나는 죄선 신문이나 죄선 잡지하구는 담 쌓고 남 된 지 오랜걸요.

잡지야 머 〈킹구〉*나 〈쇼넹구라부〉* 덮어 먹을 잡지가 있나요. 참 좋아요.

한문 글자마다 가나*를 달아 놓았으니 어떤 대문을 척 펴 들어도 술술 내리 읽고 뜻을 횡하니 알 수가 있지요.

그리고 어떤 대문을 읽어도 유익한 교훈이나 재미나는 소설이지요.

소설 참 재미있어요. 그 중에도 기쿠지 캉* 소설!…… 어쩌면 그렇게도 아기자기하고도 달콤하고도 재미가 있는지. 그리고 요시카와 에이치*, 그의 소설은 진친바라바라* 하는 지다이모노*인데 마구 어깻바람이 나구요.

소설이 모두 그렇게 재미가 있지요, 망가가 많지요, 사진이 많지요, 그리고도 값은 좀 헐하나요. 십오 전이면 바로 그 전달 치를 사 볼 수 있고 보고 나서는 오 전에 도로 파는데요.

---

* **킹구** 일제 시대의 집지 이름. 영어 'king'의 뜻.
* **쇼넹구라부** 일본의 월간 잡지 이름. '소년 클럽'.
* **가나** 일본의 글자.
* **기쿠지 캉**(菊池寬) 일본 대정 시대의 작가 이름.
* **요시카와 에이치**(吉川英治) 일본의 소설가 이름.
* **진친바라바라** 칼날이 부딪칠 때 나는 소리의 일본말.
* **지다이모노**(時代物) 역사상의 사건 따위에서 취재·각색한 시대 소설.

잡지도 기왕 하려거든 그렇게나 해야지, 죄선 사람들은 제엔장 큰소리는 곧잘 하더구만서도 잡지 하나 반반한 거 못 만들어 내니!

그 날도 글쎄 잡지가 그 꼴이라 아예 글을 볼 멋도 없고 해서 혹시 망가나 사진이라도 있을까 하고 책장을 후르르 넘기노라니깐 마침 아저씨 이름이 있겠나요! 하도 신통해서 쓰윽 펴 들고 보았더니 제목이 첫 줄은, 경제, 사회…… 무엇 어쩌구 잔주를 달아 놨겠지요.

그것만 보아도 벌써 그럴 듯해요. 경제는 아저씨가 대학교에서 경제를 배웠다니까 경제 속은 잘 알 것이고 또 사회는, 그것 역시 사회주의를 했으니까, 그 속도 잘 알 것이고, 그러니까 경제하고 사회주의하고 어떻게 서로 관계가 되는 것이며 어느 편이 옳다는 것이며 그런 소리를 썼을 게 분명해요.

뭐, 보나 안 보나 속이야 빤하지요. 대학교까지 가설랑 경제를 배우고도 돈 모을 생각은 않고서 사회주의만 하고 다닌 양반이라 경제가 그르고 사회주의가 옳다고 우겨 댔을 거니까요.

아무렇든 아저씨가 쓴 글이라는 게 신기해서 좀 보아 볼 양으로 쓰윽 훑어봤지요. 그러나 웬걸 읽어먹을 재주가 있나요.

글자는 아주 어려운 자만 아니면 대강 알기는 알겠는데, 붙여 보아야 대체 무슨 뜻인지를 알 수가 있어야지요.

속이 상하길래 읽어 보자던 건 작파하고서 아저씨를 좀 따잡고 몰아 셀 양으로 그 대목을 착 펴놨지요.

"아저씨?"

"왜 그러니?"

"아저씨가 여기다가 경제 무어라구 쓰구 또, 사회 무어라구 썼는데, 그러면 그게 경제를 하란 뜻이요, 사회주의를 하라는 뜻이오?"

"뭐?"

못 알아듣고 뚜렛뚜렛해요. 자기가 쓰고도 오래 돼서 다 잊어버렸거나 혹시 내가 말을 너무 까다롭게 내기 때문에 선뜻 대답이 안 나왔거나 그랬겠지요. 그래 다시 조곤조곤 따졌지요.

"아저씨…… 경제란 것은 돈 모아서 부자 되라는 거 아니오? 그런데 사회주의란 것은 모아 둔 부자 사람의 돈을 뺏어 쓰는 거 아니오?"

"이애가 시방!"

"아니, 들어 보세요."

"너, 그런 경제학, 그런 사회주의 어디서 배웠니?"

"배우나마나, 경제란 건 돈 많이 벌어서 애껴 쓰구, 나머지 모아 두는 게 경제 아니오?"

"그건 보통, 경제한다는 뜻으로 쓰는 경제고, 경제학이니 경제적이니 하는 건 또 다르다."

"다를 게 무어요? 경제는 돈 모으는 것이고, 그러니까 경제학이면 돈 모으는 학문이지요."

"아니란다. 혹시 이재학*이라면 돈 모으는 학문이라고 해도 근리할지* 모르지만 경제학은 그런 게 아니란다."

"아니 그렇다면 아저씨 대학교 잘못 다녔소. 경제 못하는 경제학 공부를 오 년이나 했으니 그게 무어란 말이오? 아저씨가 대학교까지 다니면서 경제 공부를 하구두 왜 돈을 못 모으나 했더니, 인제 보니깐 공부를 잘못해서 그랬군요!"

"공부를 잘못했다? 허허. 그랬을는지도 모르겠다. 옳다, 네 말이 옳아!"

이거 봐요 글쎄. 단박 꼼짝 못하잖나. 암만 대학교를 다니고, 속에는 육조를 배포했어도 그렇다니깐 글쎄…….

"아저씨?"

---

* 이재학(理財學) 재정의 원리 및 정책을 연구하는 학문.
* 근리(近理)하다 이치에 거의 맞다.

"왜 그러니?"

"그러면 아저씨는 대학교를 다니면서 돈 모아 부자되는 경제 공부를 한 게 아니라 모아 둔 부자 사람의 돈 뺏어 쓰는 사회주의 공부를 했으니 말이지요……."

"너는 사회주의가 무얼루 알구서 그러니?"

"내가 그까짓 걸 몰라요?"

한바탕 죽 설명을 했지요.

내 얼굴만 물끄러미 올려다보고 누웠더니 피씩 한 번 웃어요. 그러고는 그 양반이 하는 소리겠다요.

"그게 사회주의냐? 부랑당이지."

"아니, 그럼 아저씨도 사회주의가 부랑당인 줄은 아시는구려?"

"내가 언제 사회주의가 부랑당이랬니?"

"방금 그리잖었어요?"

"글쎄, 그건 사회주의가 아니라 부랑당이란 그 말이다."

"거 보시우! 사회주의란 것은 그렇게 날부랑당이어요. 아저씨도 그렇다구 하면서 아니래시오?"

"이애가 시방 입심 겨름을 하재나!"

이거 봐요. 또 꼼짝 못하지요? 다 이래요 글쎄…….

"아저씨?"

"왜 그러니?"

"아저씨도 맘 달리 잡수시오."

"건 어떻게 하는 말이냐?"

"걱정 안 되시우?"

"날 같은 사람이 걱정이 무슨 걱정이냐? 나는 네가 걱정이더라."

"나는 뭐 버젓하게 요량이 있는걸요."

"어떻게?"

"이만저만한가요!"

또 한바탕 죽 설명을 했지요. 이 이야기를 다 듣더니 그 양반 한다는 소리 좀 보아요.

"너두 딱한 사람이다!"

"왜요?"

"……."

"아니, 어째서 딱하다고 그리시우?"

"……."

"네? 아저씨."

"……."

"아저씨?"

"왜 그래?"

"내가 딱하다고 그러셨지요?"

"아니다. 나 혼자 한 말이다."

"그래두……."

"이애?"

"네?"

"사람이란 것은 누구를 물론하고 말이다, 아첨하는 것같이 더러운 게 없느니라."

"아첨이오?"

"저, 위로는 제왕, 밑으로는 걸인, 그 모든 사람이 위선 시방 이 제도의 이 세상에서 말이다, 제가끔 제 분수대루 살아가는 데 있어서 말이다, 제 개성을 속여 가면서꺼정 생활에다가 아첨하는 것같이 더러운 것이 없고, 그런 사람같이 가련한 사람은 없느니라. 사람이란 건 밥 두 그릇이 하필 밥 한 그릇보다 더 배가 부른 건 아니니까."

"그건 무슨 뜻인데요?"

"네가 일본인 여자와 결혼을 해서 성명까지 갈고 모든 생활 법도를 일본화하겠다는 것이 말이다."

"네, 그게 좋잖어요?"

"그것이 말이다. 진실로 깊은 교양이나 어진 지혜의 판단에서 우러나온 것이라면 그도 모를 노릇이겠지. 그렇지만 나는 보매, 네가 그런다는 것은 다른 뜻으로 그러는 것 같다."

"다른 뜻이라니요?"

"네 주인의 비위를 맞추고 이웃의 비위를 맞추고 하자고……."

"그야 물론이지요! 다이쇼의 신용을 받아야 하고, 이웃 내지인들하구도 좋게 지내야지요. 그래야 할 게 아니겠어요?"

"……."

"아저씨는 아직도 세상 물정을 모르시오. 나이는 나보담 많고 대학교 공부까지 했어도 일찌감치 고생살이를 한 나만큼 세상 물정은 모릅니다. 시방이 어느 세상인데 그러시우?"

"이애?"

"네?"

"네가 방금 세상 물정이랬지?"

"네."

"앞길이 환하니 트였다구 그랬지?"

"네."

"환갑까지 십만 원 모은다구 그랬지?"

"네."

"네가 말하려는 세상 물정하구 내가 말하려는 세상 물정하구 내용이 다르기도 하지만, 세상 물정이란 건 그야말로 그리 만만한 게 아니다."

"네?"

"사람이란 건 제아무리 날구 뛰어두 이 세상에 형적 없이 그러나 세차게 주욱 흘러가는 힘, 그게 말하자면 세상 물정이겠는데, 결국 그것의 지배하에서 그것을 따라가지, 별수가 없는 거다."

"네?"

"쉽게 말하면 계획이나 기회를 아무리 억지루 만들어 놓아도 결과가 뜻대루는 안 된단 말이다."

"젠장, 아저씨두……. 요전 〈킹구〉라는 잡지에두 보니까, 나폴레옹이라는 서양 영웅이 그랬답디다. 기회는 제가 만든다구, 그리고 불가능이란 말은 바보의 사전에서나 찾을 글자라구요. 아 자꾸자꾸 계획하구 기회를 만들구 해서 분투 노력해 나가면 이 세상 일 안 되는 일이 어디 있나요? 한 번 실패하거든 갑절 용기를 내 가지구 다시 일어서지요. 칠전팔기 모르시오?"

"나폴레옹도 세상 물정에 순응할 때는 성공했어도 그것에 거슬리다가 실패를 했더란다. 너는 칠전팔기해서 성공한 몇 사람만 보았지, 여덟 번 일어섰다가 아홉 번째 가서 영영 쓰러지구는 다시 일지 못한 숱한 사람이 있는 건 모르는구나?"

"그래두 두구 보시우. 나는 천하 없어두 성공하구 말 테니……. 아저씨는 그래서 더구나 못써요. 일해 보기두 전에 안 될 줄로 낙심 먼저 하구……."

"하늘은 꼭 올라가 보구래야만 높은 줄 아니?"

원 마지막 가서는 할 소리가 없으니 동에도 닿지 않는 비유를 가져다 둘러대는 걸 보아. 그게 어디 당한 말인구? 안 올라가 보면 뭐 하늘 높은 줄 모를 천하 멍텅구리도 있을까?

그만 해 두려다가 심심하길래 또 말을 시켰지요.

"아저씨?"

"왜 그래?"

"아저씨는 인제 몸 다 충실해지면 어떡하실려우?"

"무얼?"

"장차……."

"장차?"

"어떡허실 작정이세요?"

"작정이 새삼스럽게 무슨 작정이냐?"

"그럼 아저씨는 아무 작정 없이 살아가시우?"

"없기는?"

"있어요?"

"있잖구?"

"무언데요?"

"그새 지내오던 대루……."

"그러면 저 거시키 무엇이냐 도루 또 그걸……?"

"그렇겠지."

"아저씨?"

"……."

"아저씨?"

"왜 그래?"

"인젠 그만두시우."

"그만두라구?"

"네."

"누가 심심 소일루 그리는 줄 아느냐?"

"그렇잖구요?"

"……."

"아저씨?"

"……."

"아저씨?"

"왜 그래?"

"아저씨 올에 몇이지요?"

"서른셋."

"그러니 인제는 그만큼 해 두구 맘 잡아서 집안일 할 나이두 아니오?"

"집안일을 해서 무얼 하나?"

"그러기루 들면 그 짓은 해서 또 무얼 하나요?"

"무얼 하려구 하는 게 아니란다."

"그럼, 아무 희망이나 목적이 없으면서 그래요?"

"목적? 희망?"

"네."

"개인의 목적이나 희망은 문제가 다르니까……. 문제가 안 되니까……."

"원, 그런 법도 있나요?"

"법?"

"그럼요!"

"법이라……."

"아저씨?"

"……."

"아저씨?"

"왜 그래?"

"아주머니가 고맙잖습디까?"

"고맙지."

"불쌍하지요?"

"불쌍? 그렇지, 불쌍하다면 불쌍한 사람이지!"

"그런 줄은 아시느만?"

"알지."

"알면서 그러시우?"

"고생을 낙으로, 그놈 쓰라린 맛을 씹고 씹고 하면서 그것에서 단맛을 알아내는 사람도 있느니라. 사람도 있는 게 아니라 사람마다 무슨 일에고 진정과 정신을 꼬박 거기다가만 쓰면 그렇게 되는 법이니라. 그러니까 그쯤 되면 그 때는 고생이 낙이지. 너희 아주머니만 두고 보더라도 고생이 고생이면서도 고생이 아니고 고생하는 게 낙이란다."

"그렇다고 아저씨는 그걸 다행히만 여기시우?"

"아니."

"그러거들랑 아저씨두 아주머니한테 그 은공을 더러는 갚어야 옳을 게 아니오?"

"글쎄, 은공을 모르는 건 아니지만……."

"그러니 인제 병이나 확실히 다 나신 뒤엘라컨……."

"바빠서 원……."

글쎄 이 한다는 소리 좀 보지요? 시치미 뚝 따고 누워서 바쁘다는군요!

사람 속 차릴 여망* 없어요. 그저 어디로 대나 손톱만치도 쓸모는 없고 남한테 사폐*만 끼치고 세상에 해독만 끼칠 사람이니, 머 하루바삐 죽어야 해요. 죽어야 하고 또 죽어서 마땅해요. 그런데 글쎄 죽지를 않고 꼼지락꼼지락, 도로 살아나니 성화라구는, 내…….

---

* 여망(餘望) 아직 남은 희망.
* 사폐 일의 옳지 못한 경향이나 해로운 요소.

순공 있는 일요일

1

일요일이라서 그쯤만 믿고 열 시가 가깝도록 늦잠을 자다가 어린 놈과 아내의 성화에 견디다 못해 필경, 끄들려 일어나다시피 일어나서는 소쇄*를 마친 후 막 조반상을 물린 참이었다.

다섯 살배기 어린 놈은 새로 장만한 모자야 구두야 양복 등속을 죄다 벌써 떨쳐 입고는 물병까지 둘러메고, 문간으로 마당으로 우줄우줄 뛰어다니면서 나더러도 어서 얼른 차비를 차리고 나서라고 재촉을 하는 것이었다.

아내는 또 아내대로 부엌에서, 마지막 내가 물린 밥상을 대강 치우느라고 재빠르게 서두르는 모양이더니, 이윽고 행주치마에 손을 씻으면서 나오는데, 입은 연방 다물어지들 않았다.

어쩐지 그리고 아까부터 신수가 환하더라니, 자세히 보니 모처럼 화장을 얄풋이 다스린 얼굴이요, 머리엔 다리미 자국까지 곱살했다.

---

* 소쇄 비로 쓸고 물을 뿌리는 것.

명색이 주부에 식모, 보모를 겸해, 일신 삼역을 맡아 하자매 문 앞 반찬 가게와 목간 출입이 고작이요, 게다가 또 내라는 사람이 무던히는 범연하여 유진장술이나 먹고 놀러 다니기에 음악회 하며 영화 구경 한 번인들 데리고 가 주는 법 없고 하는 터이라, 저로서는 오늘 같은 일가 단란의 향락이 십년 일득(홍수 또는 가뭄을 타기 쉬운 논에 간혹 풍년이 듦.)인 양, 즐거움직도 한 노릇이었고 해서, 아무러나 근경이 일요일을 당한 샐러리 맨의 단가살림 가정답게 명랑한 아침인 법하기도 했다.

그러나 나만은 실상인즉 그와 정히 반대이어서, 요새로 바싹 더, 연일 밤늦게까지 술을 먹고 돌아다니던 끝이라, 사족이 무겁고 머리가 텁텁한 게 인제 목욕이나 푸근히 한 탕 하고서, 얼큰한 국물에다 서너 잔 속이나 푼 뒤에 그대로 다시 자리에 누워 푹신 한잠 자고 났으면 거뜬 피로가 다 씻겨 내려갈 것 같고, 꼭 그랬으면 세상 좋겠었다.

그런데 그 연일 밤늦게까지 술을 먹고 돌아다닌 것이 일면의 결과로는 가정에 등한하고 가족에게 불안을 끼쳐 주고 하여, 그들은 정당한 소득을 소득하는 대신 억울한 부담을 부담하지 않지 못하게 했다는 것이었고, 그러므로 그들은 거기에 대한 약간의 보상을 받아야 하겠다는 것이었다. 그래 간밤엔 아내란 자가 어린 놈까지 고사를 시켜 필경 나로 하여금, 오늘 일찌감치 창경궁에를 데리고 갔다가 점심을 화신에서 내고, 다시 오후엘랑은 영화를 보여 주고 하마는 언질을 두게 했었던 것이다. 아내는 안방에서 의걸이*를 한참 여닫고 하더니, 미닫이를 지치는 소리가 들리는 게 마침내 옷을 갈아 입는 모양이었다.

나는 이왕 면하기는 그른 노릇이니 고이 차리고 나서는 것이 옳겠다고 생각은 하면서도, 가을이라 어느 새 햇살이 제법 기어오른 마룻전에 가 쪼글뜨리고 앉은 채 손끝 하나 꼼지락하기조차 싫었다.

---

* 의걸이 의걸이장의 준말. 위층에는 옷을 걸고 아래층에는 미닫이 모양으로 되어 옷을 개어 넣게 된 장.

"옷 안 입으시우?"

아내의 재촉이었다.

"입지."

이 다뿍 늘어진 대답이 듣기에도 딱했던지, 아내는 혀를 끌끌 차다가,

"그렇게도 쓴 약 먹기같이 싫으시우?"

"여보?"

"창식이 게 있어요?"

"저어 밖에서 소리나는구먼……. 그런데 여보?"

"네에?"

"큰 디렘마가 생겼구려."

"으응!"

"여러 날 밤늦게까지 술을 먹었더니 일어나서 나가기가……."

"이런 죄다짐이라……?"

"아아니, 가만 있어……. 그래, 내 생리가 많이 피로하질 안했소?"

"그러니 나가기가 싫다……?"

"아 그런데, 결과엔 아주 상극된 두 가지의 행동을 요구한단 말이지!"

"그만하면 알았어요!"

"피로를 나누어야 할 행동, 그러니깐 휴식, 그놈 하나하구……. 그리고 또 하나는 피로를 되레 더하게 한 행동, 즉 시종 무관이렷다!"

"시종 무관이면 나꺼정 영광이게요?"

"내 생리는 개인 문제구, 가정두 집단이란 의미루다가 사회래서 조직 세포를 소모시켜 가면서라도 사회 봉살 해야 한단 말이렷다?"

"그만큼 각올 하셨거들랑 진작 일어서실 게지!"

"그런데 말이지……. 내가 이렇게 자꾸만 피로를 회복 못한 채 생리를 소모만 시키다가는 얼른 휘딱 늙어 버릴 테니, 당신은 손실 아니오?"

"내가 늙은 푼수하면 덜 늙은 편이니깐, 어서 더 늙으시우!"

"저 여편네, 입 참 고약해 가네!"

"하하하하하!"

"저런 게 다, 시어머니 밑에서 톡톡히 시집살일 못한 요새 여편네들의 무엄이야!"

"늙기가 그렇게 원통하시우!"

"그런데 늙긴 정녕 늙었나 봐?"

"으응!"

"연애가 안 돼!"

"저를 어쩌우!"

"꼬옥, 연앨 갖다가 그놈, 멋들어지게 한 번만 더 했으면 꼬옥 좋겠는데, 허어! 도무지 안 돼진단 말야! 으응……? 정녕, 늙은 표적이지? 에미코, 에비코, 머어 수두룩한데, 글쎄 연애가 돼지질 않는다니깐!"

"여급은 여급이래두, 아마 나보다는 다들 영리한 모양이죠?"

열 시를 치는 소리가 들려, 게으른 기지개를 뻗치면서 겨우 마룻전에서 일어서는데, 마침 철그럭철그럭 순사 하나가 환히 열린 일각 대문 밖으로 언뜻 지나가다가 일단 지나쳐 놓고는 그제서야 고개만 끼웃하더니,

"안녕합시오?"

하고 아는 체를 한다. 보니 그 순사다. 호구 조사도 오고, 청결 검사도 오고, 또 무엇무엇 분별도 시키러 오고 하여 낯은 잘 알아도 성명은 알 기회가 없었기 때문에 단지 '그 순사' 일 뿐이었다.

"안녕합시오……? 좀 들르십시오그려?"

내가 마룻전에 일어섰던 채, 인사말로 권을 하는 대로,

"오늘 참, 일요일이라 한가하시군요?"

하면서 마당으로 걸어 들어온다.

나이 지긋해 서른댓이나 되었음직하고, 얼굴도 끔찍이 순양하게 생겼고, 그런 값을 하느라고 거들먹거린다든지 딱딱거리거나 까다롭게 굴지도 않고 하는 데에 자연 호감이 가고 무관한 생각이 드는 호인 타입의 인물이었다.

"좀 걸터앉으십시오!"

"네 좋습니다. ……순을 돌던 길이라……."

"담배래두 한 대……."

옆에 놓았던 '미도리' 곽을 집어 내미니까,

"고맙습니다! 있습니다……."

하고 사양하면서, 같은 '미도리'를 꺼내더니 성냥만 받아, 한 개비 피워 문다.

마악 그러자 잠깐 보이지 않던 어린 놈이 대문 안으로 뛰어들면서,

"엄마, 가아!"

하고 부르다가, 순사가 있는 걸 보고는 주춤한다.

순사는 웃음이 가득 흩어지는 얼굴로, 비실비실 낯가림을 하는 어린 놈한테 몸을 구부리고 들여다보면서,

"어허허, 그놈 자알 생겼어!"

하는 양이 제 부모더러 들으라는 인사성이라기보다도 진정 아이가 귀여워 그러는 태도였다.

"그래, 어딜 가나?"

"도옹물원……."

"도옹물원! 으음……."

순사는 마당 가운데서 그대로 쪼그리고 앉으면서 커다란 손을 까분다.

"……일루 온!"

어린 놈은 낯가림하던 것은 그새 어디로 가고, 안심을 하고서 척 순

사한테로 가 안긴다.

이런 게 다(내 아내의 설명에 의하면) 아비 낯을 닮아 아이가 숫기가 없고 번잡스러워서 아무하고도 잘 친하고 몸을 붙여 주고 하던 것이었다.

"그래 어머니하구 아버지하구, 널 데리고 동물원 가신다?"

"응."

"아, 저 자식…… . 응이 뭐야? 네에 않구서…… ."

내가 한 마디 탄하는 소리에 순사는 껄껄 웃으면서,

"거 아버지가 괘애니 꾸지람을 하시는구나! 아직은 그래야 하는 법인데, 허허허허허…… . 그런데 참, 승이 뭐라…… ?"

"김가…… ."

"으음…… 그리구우, 이름은?"

"창식이…… ."

"으음, 김창식이…… ! 그리구우, 본관은?"

"김해…… ."

"어이꾸! 본관을 벌써 다 알구…… . 양반이로구나, 아주! 허허허허허…… . 그리구 나인?"

"다섯 살…… ."

"음, 다섯 살…… ! 어 숙성한데!"

순사는 어린 놈을 내려놓고도 못 믿어운 듯 머리를 다시금 쓸어 주면서 내게로 돌아선다.

"자제 아주 자알 두셨습니다!"

"웬걸요! 놈이 장난이 어찌도 심한지…… ."

"아, 어려서는 장난도 해야지요! 아주 실팍하구, 머 대장감인데요? 허허허허!"

순사는 한 번 더 안아 주고 싶은지 그 동안 흙마루로 와 서 있는 어린 놈을 바라다보고 한다.

그래서 내가,

"댁에선 자녀 간에 몇이나 두셨습니까?"

하고 물었더니, 쓸쓸히 웃으며 고개를 흔들면서,

"없답니다! 한 개두……."

"네에……! 거 참 적적하시겠군!"

"그래, 남의 댁 아길 보면, 죄다 귀엽구 그래요! 허허……, 자아, 그럼……."

순사는 두 발을 모으고 거수 경례로 내 작별 인사를 받고는 돌아서서, 철그럭철그럭 대문 밖으로 나간다.

나는 차차로 멀어지는 그 순사의 발자국 소리에 귀를 기울이면서 그를 두고서 다시(아직은 모를) 어떤 판단엘 도달하느라고 잠깐 기둥에 기대어 있는 채 우두커니 잠심해서 있었던가 본데, 그 동안 아내는 준비를 다 마치고 나오는 참이던지 미닫이 여는 소리가 들리면서 연달아,

"옷두 여태 안 갈아 입으시구……! 아마 당신은 사람 하나 잘 친하기룬 둘째 가라면 설워하겠습니다!"

하고 오금을 박는다.

그 때 나는 나대로 마침 그 어떤 판단에도 진행되고 있던 생각이 비로소 도달점엘 도달했다.

문오 선생…….

이 문오 선생이 생각나느라고 방금까지 나는 그랬던 것이고, 과연 그 순사와 문오 선생은 많이 비슷한 데가 있었다.

하기야 순사 그의 걸걸하니, 일변 모주꾼(술을 늘 대중없이 많이 먹는 사람)으로 생긴 것 같은 것은, 차라리 색시처럼 수가 좁고 얌전하기만 하던 문오 선생에다 대면 오히려 정반대일 수도 있기는 했었다.

그러나 한편으로는 어딘지 그 촌 학자 샌님같이 고리타분해 보이는 구석이라든지, 좀 만만할 만큼 사람이 순해 보이는 것이라든지, 또 점

잖기는 점잖은데 그 점잖이 신체의 '신사적'인 점잖인 게 아니라, 석양 무렵에 크막한 삼각관을 쓰고서 낡은 비각의 앞이라도 오락가락 하염 직하게 하향 양반째의 고취를 풍기는 점잖인 것이라든지, 이러한 점들은 엔간치 문오 선생인 듯 역력스러움이 있었다.

문오 선생과 그 순사…….

역시 방불했다.

하나, 그렇지만 만약에, 순사 그가 순사가 아니요 항용 여느 사람이 었다라고 한다면, 그의 풍모하며 성격하며 비록 문오 선생과 근사함이 있다손 치더라도 나는 거저 무심히 보고 말았기가 십상이지 궁벽스럽

게 옛 글방 선생님이었던 한 촌 샌님이 구태여 생각마저 나진 않았을는지도 몰랐을 것이다.

그러므로 매양 결정적인 동기는, 그 사람(즉 그 순사)의 단지 비슷한 풍모 때문이었던 것이 아니라, 우선 무엇보다도 순사요, 순사인데 그러자 또 생김새까지 방사한 데가 있고 하여, 그래 마침내,

'옳아! 참……'

하고, 문오 선생의 생각이 나기까지에 이르렀음일 것이다.

그리고 그렇듯이, 순사라고 하는 특징한 조건이 따랐을 경우라야만 용이하게 그를 생각하게 될 만큼 문오 선생에게는 순사 그것에 관련하여 졸연치 않은 한 토막의 '에피소드'가 있었던 것이다.

시방으로부터 삼십 년 전, 즉 내가 낳던 해라니까 경술년이겠다. 그해에 처음 우리 할아버지의 청을 받아 동촌에서 읍내 우리 집 독서당의

글방 선생님으로 들어온 문오 선생은 나이 그 때가 갓 스물다섯이었더란다.

새파란 청년이었고, 그 한참 좋았을 청춘이던 무렵을 고비로, 오십까지의 반생 동안인 이십오 년간을 두고서 그는, 시방은 남지도 않은 우리 고향 집 사랑의 저편 옆채에 딸린 서당방 아랫목에 가 자리를 잡고 앉아, 우리 할아버지의 나를 맨 끝으로 한 여섯 손자와 그보다 많은 십여 명의 동네 아이들에게, 그리고 그 다음 대인 그보다 많은 여러 수십 명의 동네 아이들에게 하늘천 따아지의 천자를 비롯하여 〈사자소학〉이며, 〈동몽선습〉, 〈통감〉, 〈맹자〉, 〈논어〉*, 〈시전〉, 〈서전〉에 이르기까지뿐만 아니라, 미구에는 보통 학교의 교과서 복습까지, 그 밖에도 글씨 쓰기와 풍월 짓기까지, 이런 것들을 맡아 그 춘풍 추우 이십오 년을 하루같이 밤이면 밤으로, 낮이면 낮으로 정성껏 가르쳐 왔었다.

하노라니, 첫째 왈, 먼지와 욕과 방귀와 이석섬도 착실히 많이 먹었고, 속은 썩을 대로 썩었고, 치질은 평생 고질이 되었고, 그러나 백 명 가까운 제자를 길러 냈으매 공로야 물론 큼이 있다 하겠고, 일변 월량 외의 도조(남의 논밭을 빌려서 부치고 그 세로 매년 내는 곡식) 물지 않는 논을 가족들의 손으로 짓게 하여 한 사오십 석 추수를 할 전장(소유하는 논밭)도 장만을 했고, 또 그리고 자녀도 과히 섭섭지 않게 셋을 두어, 다 장성을 해서 남혼여가를 시켰고……, 하는 동안에 나이 어언간 오십을 맞아, 세계는 하나도 변함 없는 우리 집 서당방인, 여덟 자에 열두 자의 장방형으로 된 그 방인데, 인생은 놀랍게 변하여 머리엔 백발이 하얗게 세었고…….

한편 그러자, 우리 집이 몰락에 몰락의 한길을 밟아 오다가 지금으로

* 논어(論語) 공자와 그의 제자들의 언행을 적은 유교의 경전.

논어

부터 다섯 해 전까지엔 마침내 완전히 치패를 하여, 글방 하나조차 지탱을 할 여력이 없을 지경에 이르렀었고(사실 또 초등 교육이 이미 그 내용이며 제도가 서당의 필요를 십중팔구까지 해소시킨 지 오래여서 한낱 복습소에 지나지 못하기도 했던 터라) 그래 저래 글방은 문을 닫고 말았었고…….

한 것을 기회 삼아, 문오 선생은 영년의 훈장업을 하직하고 이내 본집으로 물러가, 촌 살림으로 조금도 군색함이 없는 가계에 농사를 전업하는 맏아들과, 면서긴지를 부업으로 다니는 작은아들의 봉양을 받으면서, 손자들의 재롱이나 보면서 한가한 여생을 보내는 팔자 편한 영감님이 되었었고, 그러고 시방 오늘날까지도 그렇게 지내되 아직 건재할 것이고…….

이와 같이 무섭게 단순하고, 일종 자랑스럽기에 족할 만큼 평탄한 문오 선생의 후반생이었는데, 그런데 그 중에 꼭 한 번 자못 엉뚱하고 폭탄적인 사건이 한 가지 있었으니, 가령 입 험한 우리 할아버지의 형용을 빌리면,

"선비가 머리를 깎고(혹시 홧김에 중 노릇을 갔다면 용혹 무괴*이어니와)
도무지 어디 당한 것이라고, 망칙하게스리 순검, 도둑놈 잡는 포리
(포도청, 지방 관아에 딸려 죄인을 잡던 하리.)를 다닌……."

즉, 순사를 다닌(보다도, 다니다가 못 다닌) 그 사건이었다. 물론 그것을 일률로 순사라는 그 자체가 무슨 나쁜 것이라거나 족히 다닐 게 못된다거나 해서가 아니라, 근본이 처지하며 인물하며 성격하며가 무릇 순사와는 인연이 먼 문오 선생이었기 때문에 그 거조가 놀라웠던 것이고, 따라서 그의 그렇듯이 평범한 생애 가운데 단 하나의 요란스런 탈선으로서 형적이 영구히 뚜렷하게 남아 있지 않질 못했던 것이다.

---

* 용혹 무괴(容或無怪) 혹시 그럴 수가 있더라도 괴이할 것이 없음.

2

내 나이 아홉 살 되던 그 해 가을, 추석 명절이 갓 지나고 난 초가을부터서야, 우리는 오랜만에 문오 선생을 도로 맞아 여러 날 동안 폐했던 글방 공부를 다시 시작했었다.

문오 선생은 그 해 섣달, 대목 임시에 항례대로 정월 파접이 되자, 설 흥정을 한 것이며 세찬받은 것이며, 이것저것 한 짐을 꽁꽁 우리 집 머슴에게 지워 가지고 동촌의 자기 본집으로 나가더니, 그러고는 감감 소식이 없고 말았다.

정초가 지나도록 우리한테 세배를 받으러(실상은 우리 할아버지한테 자기가 세배를 하러) 들어오지도 않고, 보름 명절에도 역시 들어오지 않고 하다가 필경 스무날이 넘어, 그믐이 지나, 글방을 다시 차릴 때가 많이 늦었어도 종시 그는 싹을 보이지 않았다.

우리 집에서는 두루 궁금히 여기다 못해 하루는 할아버지가 기별을 주어 사람을 내보내 보았다. 했더니, 문오 선생은 바로 정초에 볼일이 있노라면서 타관엘, 어느 타관인지는 모르나 아무튼 타관엘 나가고 집에는 있지 않더라는 것이었다.

그 뒤에 며칠 안 있다가, 재차 또 사람을 내보냈으나, 역시 같은 소리요, 아직도 돌아오지를 안해서 집안에서들도 근심으로 지낸다는 전달이었다.

우리 할아버지는, 대체 그 숙맥이 타관에 볼일이 있다니, 또 그렇기로손 한 달이 넘도록 나가서 소식이 없다니, 필시 이것은 병이 났던지 호식이 되었던지, 좌우간 무슨 탈이 단단히 붙은 거라고 걱정이 이만저만 아니었다.

그러나 우리 글방 축들은 걱정은커녕 그 싫은 글읽기를 면하고 맘대로 노는 게 다행스러워서, 문오 선생이 제발 더 더디 돌아옵시사고 은근히들 축수를 했었다.

사실 어렸을 적 일로, 글방 공부같이 세상 싫고 귀찮은 노릇이라고는 없었을 것이다.

내가 처음 비로소 글방 도령이 되기는 그 전전 해, 즉 일곱 살 적이요, 정월인데, 하루는 아침에 할아버지가 나를 데리고(── 가 아니라 붙들어 가지고) 글방으로 나가시더니, 문오 선생 앞에다 앉히고는,

"너 영섭이 이놈, 인제는 한 살 더 먹었으니, 오늘부터 글 배워!"
하시면서, 다시 문오 선생더러,

"접장, 이놈이 천하 별종이요, 고집불통이요, 장난 괴순 줄 알지……? 그렇지만 인제부터는 말을 잘 안 듣든지 공부를 잘 못 하든지 하거들랑, 응……! 그저 걸어 세워 놓고서 피가 족족 나도록 종아리를 때려 줘……!"
하고, 일껏 엄포를 한 번 하신다는 게, 마지막 가서는 고만 허허어 웃으시면서 내 머리를 쓸어 주시는 것이었다.

별명이(많은 중에서도) 호랑이 영감님이요, 집안 사람에게나 남에게나 정말 호랑이같이 사납고 무섭게 굴곤 하기는 했지만, 한갓 재롱스런 막내손자 나한테만은 둘도 없이 순하고 착한 할아버지시었다.

나는 첫째 왈, 할아버지가 누가 큰소리 한 번이라도 할세라, 위하고 떠받아 주시어, 할머니 역시 그러하시어, 아버지 또한 만득의 막내둥이라고 귀여워하시어, 이래 놓으니 시방은 다 일찍 세파에 찌들려 속도 있는 대로 썩고 해서 어렸을 적의 소갈머리는 죄다 없어지고 거진 농판이 되다시피 했지만, 그 때쯤이야 집안에 무서운 사람이 없고, 밖에 나가면 망나니에 후레자식이요, 할아버지의 이른바 천하 별종이니, 고집불통이니 장난 괴수니 하던 소리는 오히려 칭찬으로 들어야 했었다.

그러한 애망나니였으매, 글방의 명색 없는 문오 선생 따위가 하나도 무섭거나 어려울 리가 없던 것이고, 그래 그 날부터 소위 글공부라고

하늘천 따아지를 배워 읽기 시작은 했으나, 애초에 그게 장난인 요량이어서,아무 때고 싫증이 나면 뛰어나와 내 멋대로 딴 장난을 하고 놀고, 선생이 무어 좀 수틀리는 소리를 하면, 냅다 욕을 내깔기고는 안으로 달려 들어가서 할머니한테 역성이나 청하고……

이렇게 공부하느니보다는 숭내내기요, 놀기 삼아 첫해 일 년은 그럭저럭 넘겼고, 그러나 그러면서도 천자와 〈동몽선습〉과 또 한 가지 무엇이던가를 떼기는 떼었다.

그리고는 이듬해 봄이자, 〈통감〉을 시작하면서 일변 보통 학교에 입학을 했는데, 이 그 때부터서 비로소 공부의 압력과 선생 및 어른들의 단속이 차차로 무겁고 엄하여 곧잘 나의 응석으로는 배겨 내기가 어려워 갔다.

또다시 일 년이 지나자, 그 때엔 정말 글방 공부가 싫어서 견딜 수가 없었다.

새벽 어둑어둑해 일어나서는 학교에 갈 조반 시간이 될 때까지 글을 읽어야 하고, 학교엘 갔다가 돌아오면 잠시도 놀 겨를이 없이 이내 글방에 들어박혀 앉아, 글을 읽는다, 글씨를 쓴다 하기를 해가 질 때까지 해야 하고, 겨우 저녁을 먹고 나서는 밤이 이슥해, 어느 때는 닭이 울 때까지 역시 그 짓을 해야 하고……, 그 졸려서 졸려서 눈이 실실 감기고 하는 깐으로는 꼭 그대로 쓰러져 잤으면 사뭇 꿀맛 같겠는 것을 감히 못하는 안타까움이더라고야!

날마다 날마다, 끝없는 날을 끝없이 그 짓을 되풀이하되, 일요일이나 축제일도 없고, 없는 게 아니라 있기는 있는데 학교엘 안 가기 때문에 온종일 글을 읽어야 하니 차라리 더 우울하고, 추석과 정월 두 때의 과정 이외에는 방학도 없고, 일 년 열두 달을 다달이 보름과 그믐이면 강을 해야 하고, 하다가 잘못하는 날이면 종아리를 맞아야 하고……

해서, 도무지 기운을 펴지 못할 만큼 중압을 느껴, 줄곧 기분이 뜨악

한 게 괜히 걱정스럽고 하던 그 글방 공부이고 본즉, 선생이 더디 와 주어서 단 하루라도 더 마음놓고 놀게 되는 것이 기뻤을 거야 지극히 당연한 노릇이었을 것이다.

그래 아무튼지 정월은 즐거운 채 무사히 넘겼고, 그리고는 바로 이월 초승이 되자, 어디서 우러난 소리인지,

"문오 선생이 전주로 순검 시험을 보러 갔다더라."

하는 소문이 좍 퍼졌다.

우리는 모두들 놀랐고, 한편으로는 곧이가 들리지를 않았다. 원, 하고 많은 사람에 하필 그 문오 선생이 순검을 다니러 가며, 대체 그이가 어떻게 다니냐는 것이었다.

그러나 좌우간 그랬다면 우리는 앞으로 다른 선생이 올 때까지는 마음을 놓고 놀 터이어서 다행이요, 제발 그게 사실이기를 바랐다.

했더니, 뒤미처 연해 새 소식이 들리는데…….

"문오 선생이 순검 시험을 쳐서 합격이 됐다더라."

"문오 선생이 교습소에서 순검 복장을 입고 환도를 차고 총을 메고 계를 하고 있다더라."

"누구는 전주엘 갔다가 문오 선생이 순검 복장을 입고 환도를 차고 길로 지나가는 것을 보았다더라."

드디어 사실은 사실인 듯싶었다.

그리고 그제서야 생각을 하니 문오 선생이 얼마 전부터 〈무 선생 일어자통〉이라는 책을 구해다 놓고서 '아이우에오'를 비롯하여 '곤니치와', '곤방와'를 열심으로 공부하던 것도 다 딴 속이 있었거니 하는 짐작이 갔다.

그것을 우리 할아버지 이하 우리들이며 또 다른 사람들은 다 같이 문오 선생이 글방 아이들 가운데 학교엘 다니는 아이들의 학교 과정을 보살펴 주자면 자기가 깜깜속이어서는 안 되겠으므로 그러한 필요를 느

껴 국어(당시에는 일어)의 만학을 시작했거니 했을 뿐이지, 설마 그와 같은 의뭉스런 국량이 있었던 줄이야 눈치인들 채었을 턱이 없었던 것이다. 물론 거의 한 일 년 동안 자습을 한 국어의 학력이란 자못 민망한 바 있을 만큼 빈약한 것이었다.

가령, 할아버지의 서사로 있는 김 서방이 더러,

"아, 여보 접장……? 밥 먹었냐구, 그 인사를 국어로는 무어라고 허넝그라이우?"

하고 지성으로 물은다치면, 문오 선생은 소처럼 씨익 웃으면서,

"'메시타베마시타카' 그럴 테지……."

하고 대답을 하고…….

또, 어느 때는,

"잘 잤느냐는 인사는 국어로 무어라고 허넝그라이우?"

한다치면

"'요쿠, 네마시타카' 그럴 테지……."

하고 대답을 하고…….

이렇게 시방 생각하면 매우 딱한 국어의 학력은 학력이었으나, 그러나 그 때 당시만 해도 속에 한문장이나 들고 한 사람으로, 고만 정도의 국어면 순사로 뽑히기에 또 다니기에 그다지 부족은 없을 시절이었다.

그 후 다시 얼마가 지나 이월 보름 그 무렵인데, 하루는 우리 할아버지가 드디어 적실한 사실을 아시었던지,

"허! 그런 변괴라니……? 원, 제가 순검이 다 어디 망한 것이라고……. 선비란 자가 포리가 어디 당한 것이어! 미쳤어……! 미쳐……! 안 미치고서야 그럴 리가 있나……? 미쳤어 아까운 사람 버렸어."

하고 미운 소리 고운 소리, 험구에 걱정에 해 싸시는 걸 듣고서야 우리도 마침내 그를 사실인 줄로 믿게 되었다.

삼월에는, 바로 초정에 문오 선생의 대거리로 역시 동촌에서 새 선생

이 들어와 우리는 다시 글을 읽어야 했다.

그러나 선생이라는 그 영감이 어떤고 하니, 나인 칠십에 귀는 절벽이요, 정기라고는 다 빠지고 없고, 게다가 우리가 학교의 과정을 복습할라치면, 그런 글은 아예 들여다보지도 말라고 꾸중꾸중이고, 모든 것이 문오 선생에게다 대면 이건 아무것도 아니었다.

그러한 몰골이니, 가뜩이나 성미 유난스런 우리 할아버지의 눈에 고였을 리가 없는 노릇이어서, 필경 한 달이 다 못하여 도로 쫓겨가고야 말았다.

그 며칠 동안을 우리는 글방 부엌 아궁이에다가 헌 빗자락 몽댕이를 거꾸로 세워 놓고 절을 하면서,

"늙은 백여수, 어서 나갑시사! 늙은 백여수, 어서 나갑시사! 늙은 백여수, 어서 나갑시사!"

하고, 세 번씩 부작(부적의 변한 말.)을 외어, 선생 쫓는 '뱅에'를 하루에도 몇 차례씩 서로 번갈아 가면서 하곤 했는데, 마침 일이 그렇게 되니까 이건 정녕 '뱅에'의 영험이 난 것이라고 좋아들 했었다.

할아버지는 또다시 선생을 물색하기는 하는가 본데, 선뜻 마땅한 잡이가 없었던지 우리는 사월부터 눌러 오월, 유월, 칠월, 팔월 추석까지 넉 달 넘겨 다섯 달 가까이를, 선생이 또 생기나 매일같이 마음은 조마조마하였어도 성가신 글을 읽지 않고 그날 그날을 놀며 지낼 수가 있었다.

그리고 어쩌면 이럭저럭 해서 글방 공부의 고역을 영 아주 면하게 되지는 않나 싶어 후련한 안심이 들기도 했었다.

하는 동안에 추석을 당했고, 추석이매 한결 더 즐겁게 놀았고, 하다가 송편에 엔간히 동이 날 무렵인 스무닷새 그 어림이었는데……. 누가 꿈에라도 그 생각인들 했을세 말이지!

천만 뜻밖에 문오 선생이 돌아오지를 않았느냐 말이었다.

이웃 골, 곰개라는 포구에서, 처억 흰 테 두른 모자에 복장을 떨쳐 입고 환도 차고 구두 신고 철그럭투드럭 뽐내고 돌아다니면서 도둑놈이 있으면 예끼놈! 붙잡아 포승으로 꽁꽁 묶어 가막소로 보내고, 이렇게 한참 거드럭거리고 순검을 다니며 있을, 그 문오 선생이 아니더냐 말이었다.

그런데 글쎄, 깎은 머리에다가 탕건 받쳐 갓만 썼을 뿐, 전과 다름없는 문오 선생인 채로 별안간 아무 소리도 없이, 하물며 다시 우리들의 글방 선생님으로다가 땅에서 솟은 듯이 불쑥 나타나지를 않았더냐 말이었다.

깜짝 놀랐고, 이마에 가서 하얀 망건 자국만 남기고 박박 깎은 머리 위에 상투가 없어져 버린 그의 풍모는 보기에 자못 기물스럼이 있었고, 선뜻은 죄끔 반가웠으나 글 읽을 일이 아득하여 정이 떨어지는 것 같았고 일변 어째 순사를 그만두었는지, 그 속이 수월찮이 궁금했고…….
우리는 누구 할 것 없이 죄다 이러한 마음자리였다.

그 중에도 특별히 글방의 문제 인물이었던, 내 끝엣삼촌 태규(씨) 같은 군은, 그만 낙담 실망이 되어 통통 부어 가지고는,

"대체 무슨 일이여……! 왜 고이 댕기던 순검이나 댕겨먹덜랑 않고서 어쩌자구 으실렁으실렁 도루 와, 오기를……? 내 참, 폭폭할 노릇 다 보겠당게!"

하고, 혼자 두런거리기를 마지않았다.

이 폭폭한 노릇이란 소리가, 우리 다른 축들도 축들이려니와 당자인 그에게는 진실로 적절한 심정의 폭백이 아닐 수 없었다. 서당꾼은, 나의 알량한 끝엣삼촌 태규, 그가 오직 하나의 대가리 굵은 꾼이요, 그 다음이 내 바로 손위의 다섯째 형에, 마침 고 또래의 열네댓 살배기 동네 아이가 둘, 그리고 나……. 이렇게 모두 다섯인데, 그 중에서도 글읽기가 제일 고역인 것이 —— 특히 밤 깊도록 밤글 읽기가 큰 고통인 것이

누구냐 하면 태규 삼촌이었던 것이다,

본디 학문이라는 것에 뜻이 없고, 재주는 소 이상으로 둔하여, 여덟 살부터 열아홉 살까지 보통 학교도 다니지 않은 온꽃 열두 해를 전혀 한문만 읽었다는 양이, 인제 빠듯이 〈맹자*〉, 〈양해왕장〉을 들여 놓을 만큼 더딘 진보이었고 보매, 제발 다시는 모면을 했으면 싶었던 그 지긋지긋한 글방 공부를, 웬걸! 도로 또 시작하는가 할진대, 작히 가슴을 쾅쾅 찧고 싶도록 폭폭하기는 폭폭할 근경이었다.

그는 그렇다고, 한편 가만히 생각을 하면 문오 선생이 돌아옴이 우리들 한테나 돌연이요 의외이지, 적어도 우리 할아버지하고는 단 이삼 일만이라도 앞당겨, 사전에 서로 연락과 타협이 있었던 게 분명하고 사실 또 그러했어야 당연한 순서일 것이다.

한 것을, 짐짓 아무 말도 않고 있다가 느닷없이 변을 만나게 하여 선생이 없더라도 그새 배운 것이나 잊어버리지 않도록 하루 한 차례씩 글들을 좀 읽어라 읽어라 해 싸시는 걸 막무가내로 펀펀 놀아먹기만 했던 그 버력인 듯이 한바탕 착실히 우리를 갖다가 골탕을 먹인 할아버지 영감님의 심술도 꽤 어지간한 것이었다.

하여튼, 아무리 싫고 불평이어도 절대로 피하는 도리는 없는 것……. 하릴없이 우리는 당장 그 날로 문오 선생 앞에서 그 동안 여러 날 중단을 했던 글방 공부를 다시금 시작했다.

시작한 지 그리고 한 사오 일 가량 지난 어느 날 밤인데, 계제가 우연하여 우리는 우리들의 궁금거리였던 것으로 문오 선생이 어째 무엇 때문에 순사를 그만두었는

맹자

---

* 맹자(孟子)　　중국 전국 시대의 사상가. 유학자(기원전 372?~기원전 289?). 〈맹자〉는 맹자의 언행을 기록한 책으로 7편으로 나누어져 있음.

지 그 내력을 비로소 이야기 들을 기회를 가질 수가 있었다.

초가을이라지만 아직은 늦은 여름이요 길지 못한 밤이라, 저녁 후의 마지막 참으로 읽는 셋째 번 참이 거진거진 끝나갈 무렵엔, 하마 오래잖아 첫닭이 울게 밤은 이슥하니 깊었다.

그러노라매, 모두들 졸음이 쏟아져 눈은 시일실 감기고 안개 속같이 몽롱한 정신에 끄덕거리는 몸은 맥 하나도 없이 시들부들, 이 모양들을 하고 앉아서 마지못해 다뿍 갈린 음성으로 히잉히잉 읽는 시늉만 하는 글소리 하며…… 남이 본다면 작히 민망스런 꼴이 아닐 수 없었다.

단 한 마디,

"고만들 읽어라!"

하는 영이 똑 떨어졌으면 단박 퍼뜩퍼뜩들 살아날 것 같은데, 보아야 문오 선생은, 발 딱 젖히고 앉아 흔들흔들하면서 오다가다 정신 차리란 소리만 지르곤 하는 것이었다. 그러다가 문득 청을 돋우어,

"맹자대왈하필왈리니꼬, 지유인의의기이이다."

하고, 태규 삼촌의 얼림글을 읽어 주는 것이었다.

문오 선생은 청이 맑고 보드라워 글소리 좋고 잘 읽기로 이름난 선생이었고, 해서 그이가 얼림글을 내면 우리는 (제 글이 아니더라도) 저절로 흥이 나서 운김에 글이 잘 읽혀지곤 했었다. 그래, 그 때도 소위 '라스트 헤비' 랄까, 우리는 새로 기운을 내어 얼마 동안 보암즉하게 한바탕 글을 읽었고, 그러자 이윽고 문오 선생은 자기가 먼저 읽기를 그치더니,

"그만들 읽어라!"

하는 영이 내렸다.

영이 떨어지자마자 한꺼번에 글소리를 뚝 그치고는 없던 정신이 번쩍 들어 책을 덮어다가 치운다, 물러갈 차비를 차린다 한참 부산했다.

하는데, 그 때 마침 밖에서 인기척이 나더니 할아버지가 앞 마루에서 빙그레하니 방 안을 들여다보고 서 있었다.

노인이라 초저녁에 살폿 한잠을 두르고 나서는 잠이 안 올라치면 더러 글방으로 내려와 글 읽는 것도 보고 우리들과 얼려 풍월도 짓고, 문오 선생과 이야기도 하고, 하던 끝엔 밤참도 내오게 하고, 하는 걸로 적잖이 심심풀이를 삼아 오던 터이었다.

해서, 그 날 밤에도 진작부터 내려와 문오 선생의 글 읽는 소리를 듣고 계셨던지 천천히 방으로 걸어 들어오면서,

"아 접장, 거 글을 너머 멋지게 읽어서 못 쓰겠네……. 동네 어디 과부가 있을까 무서……!"

하고, 실없는 소리를 하며 그를 구슬려 주는 것이었었다.

문오 선생은 부끄럼을 타 외면을 하고 빙긋빙긋 웃으면서 아랫목 자리를 피해 이편짝 뒤꼍으로 비켜 앉고…… 할아버지는 아랫목으로 가 앉더니,

"……. 응……. 그렇게 글두 잘 읽고 다 저렇게 얌전한 선비가……."

하시다가, 마침 동네 아이 둘이 문요 선생과 할아버지한테,

"선생님 알량이 주무세요!"

"알량이 주무세요!"

하고, 돌아갈 인사를 하는 것을,

"느덜, 게 있거라, 게 있어……."

하면서 불러 앉히고는 태규 삼촌더러 안에 들어가서 무어나 밤참을 좀 하고 마른 안주에 술을 몇 잔 내오게 하라고 시키는 것이었다.

우리는 도로 무릎을 꿇고 죽 앉았다. 할아버지는 빙긋이 한참이나 문오 선생의 그 망건 자국만 하얀 '중대가리'를 건너다보다가,

"저게 무슨 망신이람! 으응? 저 중대가리 좀 보아……!"

문오 선생은 자꾸만 더 고개를 돌리고 우리는 웃음이 나오지 못하게 입술을 다물어야 했다.

"……선비가, 선비 허구두 점잖구, 다 저렇게 얌전한 선비가 으

응……? 머리 깎구…… 깊숙한 산중으로 중 노릇이나 갔다면 혹시 몰라도…… 생판 순검을 댕겨……? 포리? 그걸 댕겨?! 으응……? 허허허허허. 여보게, 접장!"

"……."

"사서삼경 어디 가서 그런 대문이 있지? 선비는 머리를 깎고 포리를 댕겨야 허느니라……. 이런 대문이 어디 가서 있지?"

"……."

"허허허허……. 그런디 참……. 여보게, 접장! 아아니, 날 좀 보아!"

"예에!"

문오 선생은 외면을 한 채 겨우 대답이었다.

"내가 꼭 한 가지 궁금한 일이 있는데 날 속 좀 시원하라구 그 대답 좀 히여 보소, 응?"

"……."

"대체 기왕 한 번 댕겨 보자고 시작한 노릇을 그만두기는 어찌서 그만두었넝고……? 어찌서 제우 보름인가 스무 날인가 댕기구는 그만두었넝고?"

"……."

"뭣이야 거 자네가 내게 헌 관찰 사연대루, 거 원, 젊은 놈이 평생 고리타분하게 훈장질이나 하여 먹을 일을 생각허닝게 답답하구 한심하여서, 그래서 한때 미친 맘에 그걸 다 댕겼다구……. 그러면 말이지 응……, 여섯 달이나 그렇게 고생을 하여 가면서 순검 공부를 하여 갖구서니, 옳게 순검이 되었거든 아 왜 좀 한 일 년이구 몇 해구 눌러 댕기는 것이 아니라…… 응? 어찌서 이만 그만두었어?"

"……."

"응?"

"……."

"어찌서 그리 쉽게 작파를 하였어?"

"당하여 보닝게 못 댕기겠더만이오!"

졸리다 못해 문오 선생은 겨우 입이 떨어져 한 마디 대답이 있었다.

"허허허허허······!"

할아버지는 한바탕 유쾌하게 웃고 나서······.

"······그래, 못 댕기겠덩가?"

"예에!"

"도둑놈 못 잡아 보았넝가?"

"예에!"

"못 잡았어? 그럼······. 누구 뺨사대기라두 더러 때려 보았넝가?"

"어떻게 때려요!"

"아, 저런 놈의 알량한 순검 좀 보소! 순검하고는 참 데데허네, 뺨사
대기도 못 때렸어!"

"······."

"도둑놈두 못 잡아 보구, 어떤 놈 뺨사대기두 한 번 못 때려 보구······
그러구서 무얼루 순검 댕겼다구 허넝고? 응······. 단 보름이라두 명
색이 순검은 순검인디······. 복장 입고 환도 차고 말이지······. 그런데
통히 아무것도 못히여? 참말인가······? 뺨사대기 한 번도 못 때려 보
구······. 도둑놈두 못 잡구······ 응?"

"······."

"나는 자네 믿구서 밤이 닥치면 대문 단속두 잘 않고 그랬더니 인제
보닝게 큰일날 뻔하였구만 그리여! 으응······. 그런 놈의 알량한 순검
이 어디가 있어······. 아아니, 하다 못해서 눈먼 노름꾼이라도 한 놈
잡아 보았어야지······? 참, 순검허구넌!"

노름꾼이란 소리에 문오 선생은 웬일인지 혼자서 자꾸만 피식 웃어
쌓는 게 눈치가 좀 달라 보였다.

할아버지는 그 기수를 채고서,

"그럼, 노름꾼은 잡았던가?"

하고, 딱지를 떼듯 묻는 것이었었다.

문오 선생은 그러나, 더 웃기만 하지 대답을 못 하는 것을 할아버지는 바싹,

"노름꾼은 그리두 잡아 보았지?"

"……."

"응?"

"……."

"잡아 보았넝가?"

"……."

"잡아 보았지? 응?"

징지심스럽게 캐고 드는 것을 문오 선생은 드디어 나가 드러눕듯이,

"잡다가 말았답니다!"

"뭣이 잡다가 말다니……."

할아버지의 놀라면서 허겁을 떠는 엄살이라니,

"그럼, 꽁지만 잡았던가……?"

우리는 고만 참을 수가 없어서 손으로 입을 가리고 킥킥 웃어야 했다.

"……대체 원, 어떻게 히였길래 그놈을 꽁지만 잡고 말았단 말인가? 응?"

"……."

"허어허허허 어허허허……. 그래, 영 못하여 본 것보다는 그리두 덜 섭섭허겠네. 꽁지라두 잡아 보았으닝게……. 허어허허."

할아버지는 여지껏 참고만 있던 웃음을 한꺼번에 실컷 다 웃고 나서는 다시 또,

"그래 그런디······. 원 어떻게 허다가 잡을 뻔은 하였으며, 어떻게 하다가 놓치기는 하였던가?"

"······."

"응 ······. 그 얘기나 좀 히여 보소?"

"······."

"그 얘기를 좀 히여 보라닝게? 어쩌다가 그리했어?"

"아실 것 없어요······. 괘애니 그저······."

"아아니, 자네가 암만 히여두 눈치가 노름꾼을 잡다가 놓치구서 그 일루 순검을 못 댕기고 쫓겨 왔넝개비네······. 그렇지? 매양······."

"쫓겨 오던 안 히였어두······."

"그럼?"

"지가 내놓고 왔어요."

"노름꾼 잡다가 놓친 것이 무렴히여서?"

"그런 게 아니라······."

"그럼?"

"한 놈을 잡아서 묶어 놓았더니······."

"잡았어? 묶었어?"

"그 놈이······."

"도망을 갔어?"

"도망을 간 게 아니라······."

문오 선생은 마침내 할아버지의 유도에 넘어가 부처님같이 어렵던 입이 겨우 조금 떨어져 가지고는 뜨뭇뜨뭇 이야기 대답을 하고 있었다.

우리는 잠은 죄다 달아나고 모두들 그리로 귀가 바싹 기울어져 있었다. 그러자 마침 밤참이 나와 막 재미 있으려는 대목에서 잠깐 이야기는 중단이 되었다. 속이 한참 출출했던 판이라 찐 송편이며 밤, 풋대추, 감 등속의 과실이며가 수북수북 쟁반에 담겨 두 쟁반이나 앞에 와 놓였을 때는 얼른 손을 내밀고 싶게 구미가 당겼다.

할아버지 앞에는 조그마한 술반에다가 차린 조촐한 술상이 따로 놓이고…….

"어서들 먹어라!"

할아버지는 우리를 건너다보면서 그러시고는 또,

"……잘 자리니 과식을랑 하지를 말구……."

하고, 신칙(단단히 타일러 조심시킴.)까지 하신 뒤에,

"……접장은 일러루 오소……. 나허구 두어 잔씩만……."

하면서 태규 삼촌이 붓는 잔을 당신이 먼저 죽 마시더니 손수 한 잔을 쳐 문오 선생을 권하던 말씀이,

"이게 무슨 술인고 허니, 점잖은 선비가 머리 깎고서 순감 댕긴 벌주닝게 그리 알고서 먹소오!"

술상 모로 나앉은 문오 선생은 싱그레 웃으면서 잔을 받아 훨씬 외면을 하고는 쓴 약 먹듯 가까스로 술을 마시는 것이었다.

우리는 떡이야 과실이야 직닥직닥 쩨금쩨금 맛있게들 먹으면서도 아랫목의 동정을 살피기에 정신은 한 가닥 가서 깔려 있었다.

할아버지는 문오 선생이 되부어 드리는 잔을 받아 드시면서 환갑에 아직도 정정한 이로 일변 문어발을 기운 좋게 씹으면서,

"게 그리서……, 묶어 놓았더니 도망을 간 게 아니라……, 어쨌다? 그 좀 마자 듣세?"

"건 머얼 들으실 것이 있다구……."

"자아……, 아까 그 잔은 벌주요, 시방 이 잔은 상주네! 꽁지만 잡었어두 아무턴지 노름꾼 하나 잡을 뻔한 그 상주네!"

"저는 인제 더 못 허겠습니다!"

"잘 자리닝게 두어 잔 히여두 괜찮네……. 어서 마시구……. 그래 그래서 어쨌다?"

문오 선생은 쓴 술맛에 오만상을 찡그렸다가 도로 펴고는 잔에 술을 또 부으면서,

"아, 하루는 밤이 늦어서 비가 처얼철 오는데……."

"으응 그리서?"

"순을 돌러 나갔더니……."

"순행을……! 그리서?"

"외딴 주막집에서 불이 반짝반짝 허길레……."

"안 무섭던가?"

"가까이 가 보닝게 돈 소리가 나고 우세두세……."

"노름들을 허더라?"

"쫓아들어갔더니……."

"그리서?"

"죄다 풍겨 버리구는……."

"한 놈만 잡혔단 말이지?"

문오 선생은 싱긋이 웃고 대답을 못 하는 것을 할아버지는 재촉하듯,

"그리서?"

"묵어 놓았더니……."

"도망갈라구 안 부수대구 가만히 있던가?"

"묶어 놓고 보닝게루……."

"그놈 참 못난 놈이던개비네! 눈 먼 쇠경(장님)이든지……."

"앉은뱅이여요!"

"뭣이, 앉은뱅이……?"

문오 선생은 대답 대신 뒤통수로 손이 올라가고, 할아버지는 몸을 커다랗게 흔들면서,

"허어 허허허! 허어허허히! 게 그리서? 학장님 순검이 앉은뱅이 노름 꾼을 묶어 놓았넌디……, 그러구는?"

"살려 달라구 빌어쌓는데……."

"빌더라……? 그리서?"

"가만히 서서 제 몰골허며 신세를 생각허닝게……."

"앉은뱅이 노름꾼을 붙잡아서 척 묶어 놓고 섰는 순검 자네 몰골 하며 신세를 한 번 생각하여 보았단 말이지? 거 그럴듯한 말이구만! 그래 생각을 허닝게?"

"기가 맥히구……."

"그렇기두 하였을 티지……."

"허허어 웃어 버리구서……."

"허허어 웃었다……? 허어허……. 그리구서?"

"풀어 놓아 주고서 그질로 바루……."

"작파를 허구 말았다……? 허어허허허! 어허허!"

3

나는 마루의 기둥에 가 기대선 채, 그 때 그 날 밤 할아버지의 술상 머리에 앉아서 단 두 잔 술로 홍당무같이 빠알간 얼굴에, 웃지도 못하고 빙그레하니, 말이라야 뜨뭇뜨뭇,

"풀어 놓아 주고서 그질로 바루……."

순사를 작파했노란 대답을 하고 있던 문오 선생의 그 모습과 더불어, 한편 봉놋방*에서 앉은뱅이 노름꾼 하나를 꽁꽁 포승으로 묶어 놓고는 놈이 제발 살려 달라고 비는 것을 정복 정모에 칼을 차고 순사로 차린 문오 선생이 물끄러미 내려다보고 섰다가 그만 기가 막혀 '허허허!' 하고(울지 못해) 웃으면서 놈을 도로 풀어 놓아 주는 그 장면이 마치 '필

> *봉놋방 여러 나그네가 한데 모여 자는, 주막집의 가장 큰 방.

름'의 이중 노출처럼 어리어 입가로 절로 미소가 드러남을 깨닫지 못했다.

토방에서 구두를 제해 내해 늘어놓고 손질을 하느라 분주하던 아내가 재촉 삼아 고개를 쳐들다가 문득 내가 혼자서 웃고 있는 것을 보았던 모양으로,

"순사 친구 하나 또 사귄 게 퍽이나 재미는 나시나 보군요……? 워낙이 그 사람도 술을 좋아하게 생겼습디다!"

하면서 은근히 오금을 박는다.

하는 소리에 나는 방금 문오 선생에게 대한 그 이중 노출 위에 가서 또다시 아까 그 순사의 영상이 한 개 더 곁들여 삼중 노출로 얼씬거리면서 그러면서 한 재미스런 한 개의 구상이…….

그 순사도 저어 시골(가령 충청도) 어디 촌 학장 샌님네 집안 태생으로 삼십이 가깝도록 상투나 탄탄 짜고 지나다가 요행 국어 마디나 아는 덕에 하루 아침 뛰쳐나와 순사를 다니는 참이고, 맨 처음 누구를 포박했을 때는 역시(그만두든 안했어도) 기가 막혀서 허허허 한바탕 웃었을 것이고…….

이렇게 영락없이 문오 선생과 죄다 꼭 같은 경력이요, 인물이거니 하는 상상을 고의로다가 구상하기가 웬일인지 무척 재미스러웠다.

그래 나는 한 번 더 빙긋이 웃으면서,

"그 순사가 꼭 문오 선생님 같다……."

하고 혼자말을 하다가 겨우 기둥으로부터 물러났다.

하는 것을 아내가 별안간,

"아이 참! 내 정신머리 좀 봐……!"

하면서 문간으로 부산히 나가더니 그러다가 잠깐 들여다보면서,

"그…… 문오 선생님이라는 글방 선생이 정씨우? 정문오라구?"

하고 묻는다.

"그래서? 왜?"

"아아니, 그이가 돌아갔다고 부고가 온 걸 그만……."

"머어?"

내 스스로도 의외일 만큼 나의 놀람은 호들갑스럽다. 결코 여느 다른 날 문오 선생의 부음을 들었다면 나는 그저,

"아, 돌아가셨나!"

"그렇지만 육십도 아직 못 됐을 텐데?"

"오랜 훈장질로 모진 치질이 생겨 늘 고생을 하더니……."

"아무려나 몇 해 더 편안히 사시다가 환갑이나 지난 뒤에 천천히 돌아가시들랑 않구서……!"

이런 태연한 가운데 좀 섭섭해 하기나 했을 따름일 것이다. 그러므로 놀란 것은 항상 문오 선생이라는 옛 글방 선생의 궂김이 무슨 나에게 아플 무엇이 있었던 때문이 아니요, 계제에 우연히 나의 정신이 시공을 떠나 그의 생애의 회상에 가서 마침 집중이 튀어 있었던 참이라, 별안간 들리는 현실의 음향, 즉 부고란 소리가 방심한 신경을 그렇듯 푼수 이상으로 놀라게스리 확대되어 들린 것이었다.

그러나 경위가 그런 줄은 알았으면서도 그래도 한편으로는 때마침 공교로이 문오 선생, 그와 비슷한 어떤 안면 있는 순사 하나가 집 문 앞을 지나다가 잠깐 들어와서 그 순사를 두고서 문오 선생의 '순사 있는 에피소드'를 생각해, 하던 참인데 그러자 또 그의 부고가 와 있다고 해,……했으니 암만해도 이건 무엇이 씌워 댄 노릇인 성만 싶어 도무지 어떻다고 형용을 할 수가 없이 마음이 섬뜩하지 않을 수가 없었다.

아내는 대문 밖으로 나갔다가 이내 검은 테가 둘려져 보이는 엽서 한 장을 들고 왔다.

그는 명색이 신교육을 적잖이 받느라고 받았으면서 자라기를 내내 낡은 집안에서 자란 탓인지, 부고라면 기어이 집 안에다가 들여다 두지

않는 미신이랄까 결벽이랄까가 대단했었다.

"아, 어제 오후에 온 걸 그만……, 허긴 당신이 너무 늦어서 돌아오시기도 했지만……."

이런 발명을 하면서 주는 엽서를 받아 들고 보니…….

"학생정공오이숙환어금월×일별세자이부고."

갈 데 없는 문오 선생의 부고요, 어제로 벌써 장례는 지나갔다.

"거참, 별일도 가다간 있는갑다!"

결국 한 개의 우연한 일치일 따름인 것을 끝끝내 거기에 신경을 쓰잘 머리가 없는 것이어서 웬만큼 불과심에로 처리를 하느라 혼자 한 마디 뇌고는 돌아서는데,

"왜? 무엇이 어쨌수?"

하고, 아내가 등 뒤에서 딸 듯이 묻는다.

"아아니 글쎄, 그이 비슷한 순사가 마침 오구……. 와이셔츠 빤 거 하나 주구려……! 아, 그래서 방금 그이 생각을 허구 있는데, 돌아갔다는 부고가 와서 있었으니……."

"제자라구 혼백이 부고에 묻어 왔던 게지요?"

"글쎄……, 그렇지만 이 제자가 뭐 그다지 알뜰한 제자라구!"

"와이셔츠가 모두 에리가 헤지고 헌 걸 미처 손을 못 댔는데……."

아내는 방 안에서 장롱을 여닫다가 맨손으로 나온다.

"…… 오늘이나 그거 그대로 입으시우!"

"새깜했는데?"

"영 더러워요……? 어디……?"

아내는 들여다보면서,

"……아직 괜찮구먼 그러시우?"

"내야 괜찮지만 아씨가……."

"내가 어때서요?"

"드런 와이셔츨 입구서 양주 같이 나가면 남들이 보구서 저 여편네 저는 말쑥하게 빼때리구서두 사낸 저 꼴을 시켰단 말이냐고 욕할 게 아니오?"

"것두, 당신 밤낮 떠받구 나오는 춘추 필법(대의 명분을 밝혀 세우는 사 필의 논법)이라더냐, 그 논법이시우?"

"방불허지!"

돌아서서 넥타이를 매노라니까 문지방을 짚고 섰는 아내의 얼굴이 거울 속의 어깨 너머로 내다보인다.

"노파가 이뻐졌네……."

빈말이 아니고, 나는 그것을 오랫동안 잊어버렸던 모양이다.

"……새루 연앨 해야 헐까 봐……."

"당신허구?"

"그럴 수밖에 없을 테지!"

"또 결혼해야 하게? 당신허구…… ."

"걱정스러?"

"하마, 오정 붙어요!"

"훨씬 장정이랬으면 더 좋겠다!"

이런 아무 쓰잘데없는 소리를 지껄이는 동안에 나는 어느덧 문오 선 생과 그에 대한 일은 다 잊어버리고 말았다.

소망

남아여든 모름지기 말복날 동복을 떨쳐 입고서 종로 네거리 한복판에 가 뻗치고 서서 볼지니…… 외상진 싸전 가게 앞을 활보해 볼지니…….

아이, 저녁이구 뭣이구 하두 맘이 뒤숭숭해서, 밥 생각두 없구…… 괜찮아요, 시방 더위 같은 건 약관걸.

응. 글쎄, 그 애 아버지 말이우, 대체 어떡하면 좋아! 생각하면 고만.

냉면? 싫어, 나는 아직 아무것도 먹고 싶잖어. 그만두고서 뭣 과일즙이나 시원하게 한 대접 타 주. 언니는 저녁 잡셨수? 이 집 저녁하구는 꽤 일렀구려.

아저씨는 왕진 나가셨나 보지? 인력거가 없구, 들어오면서 들여다보니깐 진찰실에도 안 기실 제는…….

옳아, 영락없어. 그 아저씨가 진찰에도 왕진도 안 나가시구서, 언니하고 마주 안 붙어 앉었을 때가 있다가는 큰일나라구?

원, 눈도 삐뚤어졌지. 우리 언니 저 아씨가 어디가 이쁜 디가 있다구 그래! 시굴뜨기는 헐 수 없어. 아따, 저 누구냐 '쏴알?' 읽은 지가 하두 오래 돼서, 다 잊었네, 뭣이냐 '보바리 부인' 남편 말이야…….

허는 소리 좀 봐요. 늙어 가는 동생더러 망할 년이 뭐야? 하하하.

내가 웃기는 웃는다마는, 남의 정신이지 내 정신은 하나두 아니야.

양복장 새루 맞췄다더니, 벌써 들여왔구려. 아담스럽게 이쁘우.

제엔장! 나는 더러 와서 언니네가 모두 이렇게 재미나게 사는 걸 본 다치면, 새앰이 나구 속이 상해 죽겠어.

무얼? 양복장을 하나 사 주겠다구? 언니두 참! 누가 그까짓 양복장 말이우?

그런 건 백 날 없어두 좋아. 낡으나따나 한 개 있으면 고만이지 머.

가난해서 좀 고생허구 그리는 건 아무렇지두 않어요.

글쎄, 다 같은 한 아버지 딸에 한 어머니 뱃속에서 생겨나 가지굴랑, 똑같이 자라구, 똑같이 공부하구 그랬으면서두, 언니는 이렇게 안존하게 아무 근심 없이 사는데, 나는 하필 그이 때문에 육장 애가 밭구, 맘이 불안하니, 그런 고루잖을 디가 어디며, 생각하면 화가 더럭더럭 난다니깐.

구식 여자들이 걸핏하면 팔자니 사주니 하는 게 아마 그런 소린가 봐. 아닌게아니라, 미신이라도 좋으니 오늘 같아서는 어디 무꾸리*라두 가서 해 보고 싶습디다.

그러나마 참 사람이라두 변변치 못했을세 말이지, 아, 유식하것다, 기개 좋것다, 무엇 굽힐 게 있수? 부모 유산 넉넉히 못 타구난 거야 어디 그이 탓이오? 돈이야 부자질 안 할 바에 기를 쓰구 모아서는 무얼 해.

＊ 무꾸리 무당 · 점쟁이 등에게 길흉을 점치는 일.

애개개!

그이는 이 집 아저씨더러 하등 동물이란다. 병자 고름 긁어서 돈이나 모을 줄 알지, 세상이 곤두서건 인간이 돼지가 되건 감각도 못 허구, 그저 맛있는 음식에 좋은 옷, 편안한 집에서 호박 같은 마나님이나 이뻐허구, 그런 것밖에는 아무것두 모른다구, 하하하. 언니두 그런 줄은 잘 아는구려?

참, 결혼을 하면 남편 성질을 닮는다는데, 그게 정말인가 봐? 우리가 어려서는 언니가 되려 신경질루 감정이 섬세허구 잔 결벽이 유난스럽구 했는데, 그리고 나는 덜렁이구. 안 그랬수? 그랬는데, 시방은 꼭 반대니.

아무튼 나두 언니처럼 의사허구 결혼이나 했더라면 시방쯤 언니 부러워 않구서 엄벙덤벙 아무 근심 걱정 없이 살아갔을 거야.

네에, 옳습니다. 이번에는 내가 언니한테 졌습니다. 가치는 어디루 갔던지 간에 당장 언니가 나보담 팔자가 좋구, 그걸 내가 한편으루 부러워하는 게 사실은 사실이니깐요.

그러나저러나 대체 어떡하면 좋수? 이 일을…….

나 혼자서 두루두루 생각다 못해 이 집 아저씨허구나 상의를 좀 해볼까 허구서, 부르르 오기는 왔어두, 상의를 하자면, 그새 통히 토설을 않던 속사정을 다 자상하게 언니한테랑 설파를 해야 하겠구, 그랬다가 그런 줄을 그이가 알든지 헐 양이면, 성미에 생벼락이 내릴 테구, 멀쩡한 사람 가져다 미친 놈 만들려구 헌다구.

그래서 섬뻑 엄두가 나든 않지만, 그래두 어떡허우. 증세가 좀처럼 심상털 않어 뵈구, 그러니깐 무슨 도리를 좀 차리기는 차려야지만 할 것 같은데.

이 집 아저씨 동창이든지 친구든지 누구 신경과 전문하는 이 없나 모르겠어?

신경 쇠약이냐구?

그렇지, 신경 쇠약은 신경 쇠약이지, 머. 그런데 시방은, 오늘버틈은 암만해두 여느 우리가 생각하는 신경 쇠약에서 한 고패를 넘을 기미야.

언니네는 시굴서 올라온 지 얼마 안 되구, 또 내가 이것저것 털어놓구 설파를 안 했고 해서 모르기두 했겠지만, 실상 나두 그새까지는 좀 심한 신경 쇠약이거니, 신경 쇠약으루 저만큼 심하니깐 더 도질 리야 없구 차차 나 가겠거니, 일변 걱정은 하면서두 한편으루는 낙관을 허구 있었더라우.

아, 그랬는데 글쎄 오늘은, 아까 점심 나절이야, 사람이 사뭇 십년감수를 했구려. 시방두 가끔 이렇게 가슴이 울렁거리군 하는걸. 내 온 참, 어떻게 생각하면 어처구니가 없기두 허구.

아까, 그게 그러니까 두 시가 조꼼 못 돼서야. 부엌에서 무얼 좀 허구 있는 참인데, 뚜벅뚜벅 구두 소리가 나요.

무심결에 돌려다봤지. 봤더니, 웬 시꺼먼 양복쟁이야, 첨에는 몰라봤어. 그게 웬 사람인가 허구 자세 보니깐 그이겠지! 그이가 쇠통 글쎄 겨울 양복을 꺼내 입었어요. 이 삼복중에 겨울 양복을.

저를 어쩌개가 아니라, 머 정신이 아찔하더라니깐.

그게 제 정신 지닌 사람이 할 짓이우? 하얀 아사 양복을 싹 빨아 대려서 양복장에다가 걸어 준 걸 두어 두고는, 이 삼복 염천에 생판 겨울 양복허구두 그나마 머, 홈스팡이라든지, 그 손가락같이 올 굵구 시꺼무레한 거, 게다가 맥고 모자며 흰 구두까지 멀쩡한 걸 놓아 두구서 겨울 모자에 검정 구두에 넥타이, 와이셔츠꺼정 언뜻 봐두 죄다 겨울 거구려.

그러니, 그렇잖어두 늘 맘이 조마조마하던 참인데, 문뜩 그 광경을 당허니 얼마나 놀랐겠수? 내가 말이야. 그냥 가슴이 더럭 내려앉구, 어쩔 줄을 모르겠어. 팔다리허며 입술이 사시나무 떨리듯 떨리구.

아이머니, 저이가아! 이 소리 한 마디를 죽어 가는 소리루 겨우 입술만 달싹거리구는 넋이 나간 년 매니루 멍해니 섰느라니깐, 그이 좀 보구려! 마당에 우뚝 선 채 나를 마주 뻐언히 바라보더니, 아 혼자서 벌심허구 웃겠지! 웃어요 글쎄.

작년 가을 이짝 도무지 웃는 일이라구는 없던 사람이, 근 일 년 만에 웃는구려. 전에 혹시 무슨 유쾌한 일이 있든지 허면, 벌심허구 웃던, 꼭 그런 웃음째야. 일변 반갑기두 허구, 그리면서두 가슴이 더 두근거려쌓는군. 그럴 게 아니우? 일 년짝이나 웃질 않던 사람이 갑자기 웃으니, 여편네 된 맘에 웃는 그것만은 반가워두 저이가 영영 상성이 된 게 아닌가 해서 말이야.

어떻다구 맘을 진정헐 수가 없구, 눈물이 좌르르 쏟아지는 것을, 그제서야 힝낳게 마당으로 쫓아 나가서 두 팔을 덥쑥 잡았대지만, 목이 미어, 말이 나오우? 그이는 내가 사색이 질려 가지구는 —— 내 얼굴이 다 죽었을 게 아니겠수? 그래 가지구서 당황하다가, 끝내 울구 달려오니깐, 첨에는 성가신 듯이 이맛살을 찌푸리더니, 용히 제가 차림새가 생각이 나던가 봐. 실끔 아랫도리를 한 번 내려다보더니, 좀 점직하다는 속인지, 피쓱 웃어요. 그 웃는 데 사람의 애가 더 받더라니까.

"왜 그래? 여름에 동복을 입었기루서니, 왜 죽는 시늉이야?"

혀를 끌끌 차면서 얼굴 기색허며, 말소리허며 아주 천연스럽구 전대루지, 죄끔두 공허한 데가 없어요. 사람이 실성을 하면은 어덴지 말하는 음성이며 태도허며, 건숭이구 공허해 보이잖우?

"천민! 속물! 세상이 곤두서는 데는 태평이면서, 옷 좀 거꾸로 입은 건 저대지 야단이야."

속물이란 소리는 노상 듣던 독설이구, 나는 그이 눈을 주의해 보느라구 경황중에두 정신이 없지. 저 뭣이냐, 사람이 영 미치구 나면 눈자가 틀린다구 않수?

그런데 암만 찬찬히 파구 보아야 전대루 정기가 돋구 맑지며 아무렇지두 않어.

그래두 그걸루 어디 안심이 되우?

그래 팔을 흔들면서, 아이 여보오, 부르니까,

"왜 그래, 글쎄!"

하면서, 보풀스럽게 톡 쏘아붙이는 것까지도 여전해요.

"대체, 이 모양을 허시구 어디를 나갔다가 오시우?"

분명 어디를 나갔다가 오는 참이야. 얼굴이 버얼겋게 익구, 땀을 흠뻑 흘리는 게. 탈은 거기 가 붙었어, 탈은.

아아니, 그이가 글쎄 갑작스리 의관을 —— 동복은 동복이라두 —— 단정허게 차리구서는 출입을 허다게. 그게 사람이 기색을 헐 노릇이 아니우? 이건 천지가 개벽을 했다면 모르지만.

그이가 작년 초가을에 신문사를 그만두던 그 날버틈서 인해 일 년 짝을 굴 속 같은 그 건넌방에만 처박혀 누워서는, 통히 출입이라구 하는 법이 없구, 산보가 다 뭐야, 기껏해야 화동 사는 서씨라는 친구나 닷새에 한 번큼, 열흘에 한 번큼 찾아가는 게 고작이더라우.

그리구는 허는 일이라는 게 책 들이 파기, 신문 잡지 뒤지기, 그렇잖으면 끄윽 드러누워서 웃지도 않구, 이야기두 않구, 입 딱 봉허구서는, 맘 내켜야 겨우 마지못해 묻는 말 대답이나 허구, 그리다가는 더럭 짜징이 나가지굴랑은 날 모라세기나 허구, 그럴 때만은 여전한 웅변이지. 그러니 나만 죽어 날밖에.

아, 아무 데두 맨 데가 없는 몸이것다, 좀 좋수? 집 뒤 바루 중앙 학교 후원으로 해서 조금만 가면은 삼청동이요, 풀이 있것다, 마침 태호 녀석이 유치원두 쉬는 때라, 동무가 없어서 어린것이 심심해 못 견디기두 허구 허니 기직이나 한 닢 들구 그 애 손목이나 잡구 매일 거기라도 가서 물에두 들어가 놀구, 물에 지치거든 그늘 좋은 솔밭으루 나와 누

워서 독서두 허구, 그러노라면 몸에두 좋구, 더우두 잊구, 또 아는 사람 두 만나구, 새루 사귀는 사람두 생기구 해서, 어우렁더우렁 만사 다 잊구 지낼 게 아니겠수? 그런 걸 글쎄, 내가 혀가 닳두룩 말을 해두 안 들어요. 뎁다 나더러, 신경이 둔한 속물이 돼서, 자꾸만 보기 싫은 인간들 허구 섭슬려, 돼지처럼 엄벙덤벙 지내란다구 독설이나 뱉구.

그뿐인가 머. 언니두 알 테지만, 집에서 어머니가 지난 첫여름버틈 벌써 네 번째나 편지를 하셨다우. 아이 아범이 올해는 아무 데두 맨 데가 없다면서 예가 바로 해변이것다, 넉넉진 못하지만 느이들이 서울서 지내느니보담야 다만 생선 한 토막을 먹어두 나을 테니, 집일란컨 예서 서울 속내 잘 알구 착실한 여인네 하나가 마침 있으니깐 올려 보내서, 한 여름 동안 집을 봐 주게 하께시니, 부디 어린 놈 데리구 세 식구 다 내려와서 이 여름 더웁잖게 지나라구, 제일에 내가 어린 놈이 보구 싶어 못 살겠다구, 그리구 요전번 네 번째 하신 편지에는 혹시 여비라두 없어서 못 내려가는 줄 아시구서 내려오겠다면, 집 보아 줄 사람 올려 보내는 편에 돈을 얼마간 보낼 테니 곧 기별허라구까지 하셨구려.

사우 이뻐할사 장모라구, 그게 다 딸이나 외손주 놈보담두 실상 알구 보면 그 알뜰한 사우 양반 생각하시구, 그러시는 거 아니우?

그러니 말이우. 그렇게 살뜰스럽게 오래지 않는다구 하더래두, 딴 비 발 써 가면서 남들은 위정 피서두 갈라더냐. 거 봐요! 언니네는 갈 맘이 꿀안 같어두 못 가잖수, 그러니 글쎄 선뜻 내려갔으면 오죽 좋수?

그러나마 처가래야 처남인들 하나나 있으니, 어려운 생각이며 편안 찮은 맘이 나겠수? 장인 장모 단 두 분이것다. 참말이지 제가 본가집보담두 더 임의롭구 호강바디루 지낼 건데.

내가 얼마를 졸랐다구. 그래두 영 도래질이야. 그리구는 헌닷소리가, 나를 목을 베어 봐라, 단 한 발이라두 서울서 물러서나, 이런는구려!

대체 무엇이 그다지 서울이 탐탁해서 죽어두 안 떠날 테냐구 캘라치면, 네까짓 것 하등 동물이, 동아줄 신경이, 설명을 해 준다구 알아들으면 제법이게? 설명해서 알 테면 설명해 주기 전에 알아챌 일이지, 이리면서 몰아세요.

그리구두 졸리다졸리다 못 하면, 임자나 태호 데리구 가겠거든 가라는 거야. 웬만하거든 아주 영영 가 버리라구. 시방, 세상이 통째루 사개가 벙그러지는 판인데 부부구 자식이구 가정이구 그런 건 다 가 버리라구. 시방, 세상 고담(옛날 이야기) 같대나. 내 어디서 온.

왜 혼자라두 안 가느냐고 말이지? 언니두 그런 말 마시우.

허기야 참, 몇 번 별르기두 했더라우.

그래두 차마 훌쩍 못 떠나겠습디다! 그런 사람을 여기다가 때워 놔두구서, 나 혼자 가다께 될 말이우? 것두 신경이 노멀한 사람이면 몰라. 그렇지만 병인인걸, 병인을 혼자 남의 손에 맡겨 두구서야 어디.

에구 무척! 언니는 아저씨라면 들입다 깨질 똥단지 위하듯 위하면서, 하하하, 내가 그이 물이 들어서 자꾸만 이렇게 입이 걸쭉해 가나 봐.

신문사 나온 거? 머 누구 동료나 손윗사람허구 다투거나 의견 충돌이 생겼던 것두 아니구, 그저 불시루 그 날 그 자리서 사직원을 써서는 편집국장 앞에다가 내놓구 나왔다는걸. 그게 벌써 신경이 심상찮어진 표적이 아니우?

신문사서두 어디루 보구, 어떻게 생각했던지 첨에는 편지가 오구, 둘째 번은 정치부장이 오구, 셋째 번에는 사장의 전갈이라구 편집국장이 명함을 적어 보내구, 도루 사에 나오라는 권면이야. 그래두 번번이 몸이 건강털 못해서 일 감당을 못 하겠다는 핑계만 대지, 종시 움쩍을 안 했더라우.

남들은 다 같이 대학을 마치고 나와서두 삼사 년씩 취직을 못해 쩔쩔매는 세상에, 그 해 동경서 나오던 멀루 신문사에 들어갔구, 인해 오 년이나 말썽 없이 있어 왔으니깐, 그만하면 신문사 인심두 얻구 또 사장

두 자별하게 대접을 했답디다. 그런 것을 헌신짝 벗어 내던지듯 내던지구는 사람마저 저 지경이 됐으니……, 허기는 눈동자가 옳게 박힌 놈은 이 짓 못해 먹겠다구, 그 무렵에 바싹 더 침울해 허기는 했었지만서두.

생활비?

머 그저, 작년 가을 겨울 두 철은 신문사서 나온 퇴직금 한 삼백 원 되는 걸루 그럭저럭 지냈구, 올봄으루 첫여름은 시댁에서 두 번인가 백 원씩 보낸 걸루 지내는 시늉은 했지만,

시댁두 별수는 없구. 막내 시아재가 작년버틈 금광을 해요. 그리 우난 건 아니지만, 동기 간이 객지서 어려히 지낸다고 가끔 돈 백 원씩 그렇게 띄워 보내군 했는데, 그 뒤에 광이 팔리기루 됐다나 봐. 팔리기만 하면은 몇만 원 생길 텐데, 매매에 걸려 가지구는 두 달 장간이나 오늘 내일 밀려 내려오기만 허구, 돈이 들어오덜 않는 대나 봐. 그걸 바라구 있다가, 우리두 고슴도치 오이 지듯 빚을 다뽁 짊어진걸.

그렇지만 괜찮아요. 영 몰리면 집은 우리 것이니깐 팔아서 빚두 가리구 한동안 먹구 살 거리만 냉기구서 시외루 오막살이나 한 채 얻어 나앉지. 그런 것은 나두 뱃심 유해졌다우. 의식주 같은 건 근심하지 말구서 돼 가는 대루 살아가기루.

정말이지 그런 건 죄꼼두 걱정두 안 되구, 위협두 느끼잖어요. 그저 그이만 몸을 도루 일으켜 가지구, 생화야 있든지 없든지, 남처럼 활달하게 나돌아 다니구 허기만 해 주었으면, 머 내가 어디 가서 빨래품을 팔아다가 사흘에 한 끼씩 먹구 살아두 좋아요.

힌말이 아니라우. 진정이야. 그런데 글쎄, 아유 답답해! 아, 밖에 나가서 돌아다니구, 머 삼청동 풀에를 다니구, 피서를 떠나구, 그런 것두 외려 열두째야. 내 참!

언니두 와서 봤으니까 알 테지만, 우리 집 건넌방이라는 게 그게 방이우? 여름 한 철은 도무지 사람이 거처를 못 해요. 앞문이 정서향으로

나놔서 오정만 지나면 그 더운 불볕이 쨍쨍 들이쬐지요. 게다가 처마 끝에 함석 차양에서는 후끈후끈 더운 기운이 숨이 막히게 우리지요. 북창 하나 없구 겨우 마루루 샛문이 한쪽 났다는 게 바람 한 점 드나들덜 않지요. 머 방 속이 아니라 영락없는 한징 가마 속이야. 나더러는 단 십 분을 들앉아 있으래도 죽으면 죽었지 못해. 어느 쟁이 녀석이 고따우루 소견머리 없이두 집을 지어 놨는지.

그런 걸 글쎄 그이는 꼬박 그 속에서 배겨 내는군. 가을이나 겨울이나 또 봄철은 외려 괜찮아요. 아, 이건 이 삼복 중에 그 뜸가마 속에서 끄윽 들박혀 있으니, 더웁긴들 오죽허며, 여느 사람두 더위에 너무 부대끼면은 신경이 약해져서 못 쓰는 법인데. 이건 가뜩이나 뭣한 사람이 그 지경을 허구 있다께, 멀쩡한 자살이 아니우?

제발 마루루라도 나와서 누웠으라구 경을 읽어두 안 들어요. 마룬들 그대지 신통할꼬만서두, 그래두 건넌방보담은 덜허구, 또 안방은 앞뒷문으로 맞바람이 쳐서 제법 시원하다우. 단 두 내외에 어린 놈 하나컷다, 남의 식구라구는 없으니, 아녈말루 활씬 벗구는 여기저기 시원한 자리를 골라 눕던 못 허우?

성가시구 다 힘이나 드는 노릇이라면, 그두 몰라. 누웠던 자리에서 몸 한 번만 뒤치면 마루루 나와지구, 또 한 번만 뒤치면 안방 뒷문 치루 옮아 누워지구 하는걸, 웬 고집이며 무슨 도섭으루다가 고걸 꼼지락거릴랴구 않구서, 생판 뜸가마 속에서만 늘어 붙어설랑 육성으루 그 고생이우?

가슴이 지레 터지구, 내가 얼마나 폭폭하겠수? 사뭇 살이 내려요.

허기야 사람이 전에두 고집이 세구 신경질이 돼서, 편성이구, 허기는 했지만, 시방 저러는 건 고집두 편성도 아니구서, 그저 나무토막이구 돌덩어리라니깐. 그러니 병이지 병이 아닌 담에야 어디 그럴 법이 있수.

병원? 진찰?

흥! 그런 말만 내 보우. 생사람 하나 죽구 말지 안 돼요. 안 되구, 아까 이야기하다가 말았지만, 여기 아저씨가 누구 잘 아는 이루 신경과 전문 의사가 있으면 미리 짜구서 그런 눈치 저런 눈치 뵐 게 아니라, 놀러 온 양으로 어물쩍허구, 좀 보아 달래야지, 내 억칙으루는 천하 없어두 병원에는 데리구 가는 장사는 없어요.

이거 봐요, 글쎄, 오늘은 이런 재주를 다 부려 보잖었겠수?

오정이 조꼼 못 돼서야. 태호 벙어리를 털으니깐 제법 일 원짜리루 두 장이나 나오구, 죄다 해서 한 오륙 원은 돼요. 옳다구나 태호허구두 구누를 해 가지구서는 모자가 건넌방으루 —— 그 양반이 농성을 허구 있는 그 한징 가마 속이었다 —— 글루루 척 쳐들어갔구려.

들어가설랑, 아 날두 이렇게 몹시 더웁구 이애도 벌써 며칠째 어디를 가자구 조르구 허니깐, 우리 가서 수박두 먹을 겸, 물에두 들어갈 겸, 안양이나 잠깐 갔다가 오자구. 듣자니 사람도 그리 많지두 않구, 조용한 자리두 얼마든지 있다더라구. 머 있는 소리 없는 소리 주워 보태 가면서 은근히 추실르지를 안했다구요. 태호는 태호대루 내가 외워 준 말을 강한다는 게 '안양' 먹으러 '수박' 가자구 앉았구.

첨에는 대답두 안 해요. 그래두 자꾸만 앉어서 조르니깐, 겨우 한닷 소리가, 태호 데리구 갔다오구려, 이리는군! 그리면서 슬며시 돌아눕는데, 글쎄 잠방이만 입구 알몸으로 누웠던 등허리가 땀이 어떻게두 지독으루 났는지 방바닥이 흥건해요. 오죽해서 내가 걸레를 집어다가 닦었으니, 천추학이라구는!

일 글른 줄 알면서두, 그리지 말구 같이 갑시다, 당신두 같이 가서 소풍두 허구, 그래야 좋지, 우리 둘이만 무슨 재미루다가 가겠수, 자, 어서 일어나서 우선 냉수루 저 땀두 좀 씻구, 그리라구 비선헌듯 아기 달래듯 하니깐,

"재미?"

암 말두 않구 한참 있다가, 따잡듯 시비조야.

"재미라……? 게 임자네 재미보자구 나는 고통을 받아야 하나?"

"그런 억짓소릴라컨 내지두 마시우!"

나두 그제서는 속에서 부애가 치밀다 못해 쏠밖에.

"원, 놀러 가는 게 어쩌니 고통이며, 당신 말대루 고통이 된다구 합시다. 당신 좀 고통받구서, 머 나는 둘째야, 저 어린것 하루 실컷 즐겁게 해 주면, 그게 못할 일이우?"

"그것두 천하사를 도모하는 노릇이라면……."

"에구! 그저……."

"……."

"글쎄, 여보!"

"……."

"당신 이러다가 아녈 말루 죽기나 하면 어떻거자구 그러시우?"

"헐 수 없겠지. 인간 목숨이 소중하다는 것두 요새는 전설 같아서 까마득허이!"

"드끄러워요! 내가 어디 가서 기두 맥두 없이 죽어 버려야, 당신이 정신을 좀 차릴려나 보우."

"야몽거지 않는 여편네는 넉넉 만금 값이 있어. 아닌게아니라 아씨의 그 다변은 좀 성가셔!"

"그렇다면은, 아무래두 나는 죽어야 하겠구려? 당신 성가시지 않게, 또 정신을 버쩍 좀 차리게. 소원이라면 죽어 드리리다."

"나를 위해서…… 죽는다……?"

"빈말이 아니라, 누구 봐요."

"남을 위해서 내가 죽는 것두 개죽음일 경우가 많아. 제일차 세계 대전 후에, 아메리카 녀석들이 무얼루 오늘날 번영을 횡재했게! 귀곡성이 이천만이 합창을 하잖나! 억울하다구. 생때 같던 장정 이천만 명!"

"아이구, 답답이야! 이 답답. 제에발 덕분 하느라구 저기 마루나 안방으루라두 좀 나가서 누워요, 제에발."

"그만 입 다물지 못해! 이 하등 동물 같으니라구."

소리를 버럭 지르면서 도사리구 일어나 앉어요. 화가 나설랑.

"이 동물아! 내가 이렇게 꼼짝 않구서 처박혀만 있으니깐, 아무 내력 없이 그리는 줄 알아? 나는 이게 싸움이라구, 이래뵈두. 더위가 나를 볶으니까, 누가 못 견디나 보자구 맞겨누는 싸움이야, 싸움!"

내 원, 어처구니가 없어서, 더 옥신각신해야 되려 그이 신경에만 해롭겠어서 벌떡 일어나 나와 버렸지. 속도 상허구, 허는 깐으루는 제가 말대루 태호나 데리구 안양이라두 곧 가겠어. 그렇지만, 어디 그럴 수가 있어야지. 내가 애를 폭신 삭히고 말았지.

그러자 마침 생각하니깐 오늘이 말복이야. 그래, 온 여름 내내, 그 생지옥에 처박혀 있으면서, 영계 한 마리두 못 얻어먹구 꼬치꼬치 야윈게 애처롭기두 허구, 또 태호두 며칠 설사 끝에 눈이 빠아꼼하구, 에라, 남대문 장에나 가서 영계를 두어 마리 사다가 삶어 주리라구, 태호를 앞세우구 나섰지.

그이더러는 장에 가서 닭 사 가지구 오마구, 좋은 말로 말을 허구 나 가려니깐 되부르더니, 내려가는 길에 싸전 가게 주인더러 재갸가 엊그제 시굴서 올라오기는 했는데, 일이 여의치 못했다구, 미한한 대루 이 달 팔월 그믐꺼정만 더 참아 달라구 이르라는군. 그런 걸 봐두 정신 말짱하잖수?

대놓구 먹던 아랫거리 싸전에 묵은 외상 값이 한 이십 원 돼요. 지난봄부터 몇 번 밀어 오다가 유월 그믐껜가는 재갸가 돈을 마련하러 시굴을 내려가니, 수히 올라와서 셈을 막어 주마구 그랬다는군. 그래 놓구는 칠월 그믐을 문뚜룸히 넹겼는데, 그이 하는 짓을 좀 봐요. 시굴 내려갈 줄루 거짓말을 하구서는, 그 담부틈은 그 앞으루 지내다니기가 안됐으니깐, 화동 서씨네 집을 갈 때면은 곧장 내려와서 가회동으루 넘어가 덜 못 하구서는 위정 중앙 학교 뒤루 길을 피해 비잉빙 돌아다니는구 려! 애초에 시굴이니 뭣이니 할 게 아니라, 그대루 이럭저럭 한동안 밀 어 가다가, 생기는 날 갚어 줄 것이지 또 그래 놓구서, 그 앞을 얼찐 못 할 건 무엇이며, 사람이 고렇게 소심하다구는! 그런 걸 보면 천하 졸장 부야.

그래 아무려나, 시키는 대루 싸전엘 들러서 말을 그대로 일르구는, 전차를 타구 남대문 장까지 가서, 영계 세 마리를 털 뜯고 속낸 걸루 사 가지구, 그리구 돌아오니깐 한 시가 조끔 못 됐더군. 아마 한 시간 남짓 했나 봐. 그런데 집에를 당도하니깐, 그이가 어디루 가구 없어요. 집은 텅 비어 놓구 대문만 지쳐 두구서.

그저 짐작에, 화동 서씨네 집에 나갔나 보다구 심상하게 여기구서 별 치의(의심을 함.)두 안 했지. 늘 동저구릿 바람으루 시간 대중 없이 주르 르 가군 하니깐. 그랬지, 누가 글쎄 동복을 지성으로 꺼내 입구, 그 야 단을 떨었을 줄야 꿈엔들 생각했수?

그랬는데, 그래 시방 부랴부랴 닭을 삶는다, 또 그이가 칼국수를 좋 아허길래 밀가루 반죽해 가지구 늘여서, 썰어서, 삶어 건져 놓는다, 양 념을 장만한다, 거진거진 다 돼 가는 판에, 마침 들어오기는 때맞추어 잘 들어왔다는 게 쇠통 그 모양을 해 가지구 처억 들어서지를 않는다구 요?

하마 조끔 뭣했으면 내가 미칠 뻔했다우. 허겁이 아니라, 시댁도 시 댁이지만 집에서 만약 어머니가 아시면 기절을 하셨지. 그래 겨우 정신 을 채려 가지구, 그 얼뚱애기를 데려다가 마룻전에 걸터앉히구서, 모자 를 벗기구, 저고리를 벗기구, 조끼를 벗기구, 부채질을 하면서 대체 어 디를 갔다가 오느냐고 재쳐 물으니깐, 종로! 종로를 갔다온대요. 자그 마치 종로를.

나는 기가 막혀서 울다가 웃었구려.

젊은이 망령은 참나무 몽둥이루 고친다는데, 이건 몽둥이질을 하잔 말도 안 나구, 아닌게아니라, 국수를 늘이느라구 거기 마루에 놓아 둔 방망이가 돌려다보입디다!

"아아니 여보, 말쑥한 여름 양복은 두어 두고서 무슨 내력으루 이걸 꺼내 입구, 종로는 또 무엇하러 가셨단 말이오?"

"속 모르는 소리 말아. 이걸 떠억 입구 이걸 푸욱 눌러쓰구, 저 이글이글한 불볕에, 어때? 온갖 인간들이 더위에 항복하는 백기 대신 최저 한도루다가 엷고 시원한 옷을 입구서 그리고서 허어덕허덕 쩔쩔매구 다니는 종로 한복판에 가 당당하게 겨울옷을 입구서 처억 버티구 섰는 맛이라니! 그게 어떻게 통쾌했는데!"

연설조루 팔을 내저으면서 마구 기염을 토하겠지.

"남들이 보구 웃잖습디까?"

"그까짓 속충들이 뭘 알아서? 어허허, 그 친구 토옹쾌허다! 이 소리 한 번 치는 놈 없구, 모두 피쓱피쓱 웃기 아니면 넋나간 놈처럼 멍허니 입을 벌리구는 쳐다보구 섰지."

보니깐 그 두꺼운 양복 밖으루 땀이 뱄겠지. 얼마나 더워서!

"그리구 참, 내 올라오면서 싸전 가게 앞으루 지내와 봤는데……."

"무어랍디까?"

"그저, 안녕히 다녀오셨느냐구. 그런데 말이야, 그 앞을 지내오면서 가만히 생각하니까 썩 유쾌하겠지."

"진작 그러실 거지."

"응, 길을 피해서 돌지두 말구. 맘을 턱 놓구서, 고개를 들구서 팔을 커다랗게 치면서 그 앞을 어엿하게 지내왔단 말이야. 아주 당당히. 그래! 그게 해방이란 거야, 해방! 해방은 유쾌한 거야!"

사뭇 우쭐거리는데 얼굴은 보니깐, 그새처럼 침울하기는 침울해두,

말소리는 애기같이 명랑하겠지!

제가 말대루 통쾌하구 유쾌하구 한 덕분인지 모르겠어두, 닭국에다가 국수를 말아 주니깐 큰 바리로 하나를 다 먹구 또 주발루 반이나 먹더군.

그러니 말이우, 그게 요행 병을 돌려서 그리는 거라면 오죽 기쁠 일이우. 그렇지만 불행히 병이 도져 가는 징조라면 그 일을 장차 어떡한단 말이우?

혈통? 없어요. 시방 당대구, 선대구 그런 일은 없어요. 아니야, 내가 글쎄, 그이하구 결혼한 지가 칠 년인데, 그이 학부 마칠 동안 삼 년허구 취직한 뒤에 살림 시작하기 전 이 년허구, 오 년이나 시댁에서 지냈는걸, 아무런들 그이 집안에 정신병 혈통이 있는지 없는지 몰랐겠수?

옳아, 언니 시방 하는 말이 맞았어. 나도 실상 그렇게 짐작은 했다우. 그러니 말이지, 사내 대장부가 어찌 그대지 못났수? 이건 과천서 뺨 맞구 서울 와서 눈 흘기기 아니우? 제엔장 맞을, 차라리 뛰쳐나서서 냅다 한바탕…… 응? 그럴 것이지, 그렇잖수?

그러구저러구 간에 시방 나루서는 병 시초나 또 뿌렁구나 그게 문제가 아니야. 다만 그이가 정말루 못 쓰게 신경 고장이 생겼느냐, 요행 일시적이냐, 만약에 중한 고장이라면은 어떻게 해야만 그걸 낫우어 주겠느냐 이것뿐이지, 그 밖에는 아무것두 내가 참견할 게 아니야, 나더러 그이를 이해를 못 한다구? 딴전을 보구 있네! 그게 어디 이해를 못 하는 거유?

마침 맞게 아저씨가 들어오시는군.

내친 걸음이니 아무려나 같이 앉아서 상의를 좀 해 보구……

세 길로

나는 자리 넓은 곳을 찾느라고 맨 꽁무니 찻간에 올랐다. 서로 먼저 오르려고 밀치고 닫치며 정신없이 서두는 사람들.

"리리 —— …… 리리 —— …… 고훈칸데이샤 —— …… 군상 젠슈 호오멘 노리카에 —— ……(5분간 정차. 전주 방면으로 가실 손님은 갈 아타시기……)."

하며 입에다 나팔 통을 대고 악을 쓰며 외치는 역부들의 떠드는 소리 —— 플랫폼 앞에 그득히 들어선 검은 기차 옆에 모여 서서 긴장이 되어 헌화와 혼잡을 이루는 광경은, 차로부터 척척 내리는 사람들의 범연한 시선과 가벼운 모양이며 차창으로부터 무심히 내다보는 사람들의 고요하고 한가한 얼굴과 알맞은 대조를 이루고 있었다.

나는 차 꽁무니로 해서 차 안에 막 들어서자 바로 문간에서 멀지 아니한 곳에 보얗게 신선하게 차린 여학생 하나에 선뜻 눈이 띄었다.

그가 썩 미인인 것도 아니요, 또 여학생이 아닌 다른 여자가 그 찻간에 타지 아니한 것도 아니었지만 '여학생' 하면 웬일인지 시선과 귀가 이상하여지는 오늘날 우리 사회 —— 모두가 그렇다는 것은 아니지만 더욱이 시골 —— 이라 그런지 나에게 역시 그가 산뜻하게 눈에 띄었고, 또 그 찻간에 탄 다른 사람들의 시선에도 호기심이 우러나지 아니한다 할 수 없었다.

그 여학생은 얼굴이 넓고 두툼하고 몸과 수족도 큼직하고 마침 바깥을 내다보며 무심코

"어데야?"

하는 그 말소리기까지가 살이 찐 듯이 누두룩 해서 한번 보기에 어쩐지 육감적 기분이 그의 주위에 싸여 떠도는 듯하였다.

그는 적삼도 희고 치마도 희고 속옷도 희고, 무릎까지 올라온 양말도 희고, 분 바른 얼굴도 희고, 다만 뾰족한 뒷굽 높은 구두와 맵시 있게 늘정늘정 따내린 탐스러운 머리채만이 새까맣었다.

말하자면 시골 사람 말짝으로 '부잣집 맏며느리감' 이었다. 그는 차의 진행하는 앞쪽으로 향하여 바른편 줄에 앉았고, 그의 앞에는 나이 오십쯤 되어 보이는 마나님 —— 나는 그 마나님이 그 여학생의 어머니인 줄을 직감적으로 깨달았다. —— 하나가 그와 마주 향하여 앉았었다.

그리고 그 마나님의 바로 등 뒤에는 전문 학교 학생인지 어느 강습소 학생인지 교복을 입지 아니하였으므로 자세히는 알 수 없으나 어쨌든 학생은 학생인 듯싶은 —— 얄밉고 약게 생긴 얼굴 표정의 소유자인, 나이 스물네댓 되어 보이는 사내 하나가 얼른 보기에도 좀 '젠 체' 하는 기분이 있어 보이게 하고 앉았었다.

그리고 그의 앞자리는 비었다.

나는 처음에는 그 사나이가 그 여학생과 친척 관계가 되거나 혹 그렇지 않더라도 동향 사람으로서 서울까지 동행하느니라고 생각하였다.

그러나 그 사나이의 그 여학생에게로 향하는 안정치 못한 교활한 시선으로 보아 서로 알지 못하는 사이인 것을 바로 알았다. 나는 그 사내

의 앞 빈 자리로 가서 짐을 선반에 얹히고 잠깐 앉았다가 다시 일어서 윗저고리도 벗고 넥타이도 풀고 하면서 그 여학생을 한 번 정면으로 쳐다보았다.

　그는 미리 나를 쳐다보고 있었던지 나와 시선이 마주쳤다. 나는 무료하여 고개를 돌려 그의 시선을 피하며 속맘으로

　'왜 바라볼고?'

하고 생각할 때에

　'사람이 사람을 보는 데 의미는 무슨 의미가 있어……'

라고 해석하였으나, 나는 그 해석에 내 스스로가 불만족이었고 도리어

그에게 쳐다보인 것이 무조건으로 기뻤다.

　그러자 그 마나님도 고개를 돌려 나를 바라보고, 그 사내도, 또 건너편 줄에 앉은 중학생도, 어느 시골 신사도 나를 바라보는 것을 알았다.

　나는 좀 불안은 하였으나 승리자의 심리 같은 기쁨을 느꼈다.

　아직도 차 탄 사람은 하나씩 둘씩 올라와 눈을 내두르며 앉을 자리를 찾고 플랫폼은 여전히 요란하였다. 벤토(도시락) 장사, 차 장사, 무슨 장사 해서 모두 가까이 와 차창으로 대고 바쁘게 외었다.

　그 여학생은 그 마나님과 무어라고 몇 마디 소근거리더니 돈 지갑을 집어 들고 밖으로 나갔다.

그 사나이도 그를 따라 벌떡 일어서 밖으로 나갔다.

조금 있다가 그 여학생은 벤토 둘을 사 들고 들어오고, 그 사내는 아무것도 사지 아니하고 도로 들어와 곁눈으로 그 여학생을 흘끔흘끔 보며 제 자리에 가 앉았다.

찌르르 하고 발차 종소리가 나며 호각 소리가 감감히 들리더니 우렁찬 기적 소리와 아울러 피 —— 피 소리를 연해 내며 차는 슬그머니 움직였다.

찌걱찌걱하며 교차된 여러 선을 벗어나가는 기차는 귀찮은 것을 모두 털어 버린 듯이 속력을 놓아 선선하게 달려갔다.

외계는 끊이지 않고 변하여 차 소리가 요란하여 정신이 암암한 반대로 여전히 한가한 듯이 낮에 익은 차 안의 안온한 기분에 나는 말할 수 없는 친함을 느꼈다.

그 여학생은 그 때야 산 벤토를 풀어 놓고 그 마나님과 함께 입을 옴족옴족하며 먹기 시작하였다.

나는 그의 옴족옴족거리는 입이 퍽도 귀여워서 한참이나 건너다보고 있다가 마주 바라보는 그의 시선과 마주쳐 고개를 돌렸다.

나는 고개를 돌리고 다른 곳을 보는 체하고 있으면서도 그가 지금 내 옆얼굴을 바라보려니 생각하니 마음에 썩 기뻤다.

그러자 내가 앉은 편으로 따가운 햇빛이 쪼이고 연기와 석탄 가루가 몹시 날아 들어와서 좀 섭섭은 하였으나 —— 그래서 그 자리에다 모자를 벗어 놓고 —— 저편 그늘지고 연기 들어오지 아니하는 줄로 빈 자리를 찾아 앉았다. 그 곳에서 나는 그 여학생을 바로 측면으로 볼 수가 있었다. 얼마 아니하여 차는 또 정거장에 머물렀다.

차가 우뚝 서고 차 바퀴가 뚝 끊치자 안의 사람들은 약속이나 한 듯이 한가한 얼굴로 조용히 이야기하는 소리가 한꺼번에 고요히 일어났다.

몇 사람은 내리고 몇 사람은 타고 하느라고 잠깐 동안 동요가 생겼으나, 그것도 그 차 안의 낯익은 기분에 지질한 공기에 동화가 되어 버리고 말았다.

그 사내는 이편 줄로 건너와서 어느 중학생 —— 그는 그와 동행하는 듯한데 내 앞에서 세넷 의자를 건너, 나와 마주 보이게 향하고 앉았었다. —— 옆으로 가 앉으며 곁눈으로 그 여학생을 흘끔 건너다보았다.

그는 잠깐 앉았다가 다시 일어서 바로 그 뒤에 앉은 시골 신사 —— 역시 그와 동행하는 듯싶은 —— 에게 연필을 빌리고 그 중학생에게서는 종이를 빌려 가지고 연필 끝에 침을 묻혀 가며 무엇인지를 잠자코 쓰고 있었다.

나는 저 여학생한테 편지를 쓰지…… 짐작하고 일부러 일어서서 지나가는 체하고 그 쓰는 것을 슬쩍 보았다.

나는 내 스스로 계면쩍은 미소를 하고 도로 내 자리에 앉았다.

그는 7.5, 0.5, 1.5, 0.3, 1.8, 0.7, 0.3하고 무슨 가법 운산을 쭉 하고 있었던 것이다. —— 그는 아마 오면서 쓴 돈을 계산하여 보는 것 같았다. —— 그러나 나는 그 순간에 어쩐지 마음이 약간 앙앙하고 불쾌하였다. 그는 쓰던 종이를 싹싹 부벼 내버리고 담배를 꺼내어 붙여 물고 폭폭피웠다.

그 중학생도 담배를 피웠다.

그 사내는 그 중학생의 등을 탁 치며 허겁스러운 능라주 사투리로

"음마 —— 중학생이 담배 막 묵네요……."

라고 누구 들으라는 듯이 일부러 소리를 높여 말을 하고, 그 중학생은 미소하며 물끄러미 바라보는 곁눈으로 흘끔흘끔 그 여학생을 건너다보았다.

그 중학생도 그 여학생을 곁눈으로 한 번 건너다보고 나서 그 사내를 쳐다보며,

"체 —— 중학은 사람 아니당가……."

하고 불복한다는 듯이 입술을 뛰 —— 내밀고 경멸하듯이 미소하였다.

그들은 한참 동안 무엇이라고 떠들며 이야기를 하였다.

그들의 시선은 끊이지 않고 동요하였다.

그 사내는 다시 일어서 그 여학생 옆으로 해서 밖으로 나갔다가 다시 들어와 곁눈질을 여전히 슬슬하며 그 중학생에게,

"이 근방도 농사가 말이 아니지……."

하고 그 옆에 가 앉았다.

나는 그의 하는 짓을 모두 수탉이 암탉을 대할 때 그것처럼 보았다.

그 여학생은 물론 가끔 그를 바라보았다.

그는 그것을 기대하고 다시 마음의 연락을 —— 더 나아가서는 직접의 교제까지도 기대하고 그러느니라 나는 생각하였다.

그러나 그 여학생이 그를 바라보는 그 시선이 나를 바라보는 시선과는 다르게 나에게는 보였다.

그 여학생은 가지고 온 수박 한 통을 윗봉지를 뚝 따 놓고 그 마나님과 둘이서 먹기 시작하였다.

그 수박이야말로 먹음직스러웠다.

늦신 익어 단물이 솟는 듯이 사뿐사뿐하여 보이는 새빨간 속에 까만 씨가 홰홰 돋아 소복소복 박힌 것이 그야말로 침이 넘어갈 듯하였다.

사실 나는 —— 그다지 먹고 싶다는 욕망이 있는 것도 아니었지만 —— 무의식 중에 침이 꿀꺽 넘어갔다.

그 멋들어지게 익어 설설 녹는 듯한 붉은 살을 칼로 한 점 한 점 도려 내어 입에 넣고는 입을 오물어뜨리고 새까만 씨만 쏙쏙 빼 놓은 그의 입이야말로 썩 귀엽게 보였다.

그 사내는 벌린 입을 다물 줄도 모르고 바라보고 있다가 벌떡 일어서 먼점 앉았던 자리로 가더니 차창을 열어 놓고 몸을 반이나 밖으로 내어

보내고 창가를 불렀다.

질항아리 깨뜨리는 듯한 목소리가 차소리에 섞여 감감히 들렸다.

어느 틈에 기차는 강경역에 닿았다.

오르고 내리는 것이 꽤 요란하였다.

마침 어느 나이 오십은 먹어 보이는 —— 아무리 보아도 여염집 부인 같지는 아니하나 의복은 깨끔하게 입고 금가락지 · 금비녀도 찌른 부인 하나가 올라와 그 마나님 옆에 앉았다. 빈 자리를 두고 굳이 좁게 앉는 것을 보면 말동무를 찾는 듯하였다.

과연 그 부인은 가져온 담뱃대에 수건에 싼 담배를 넣어 불을 붙이면서 어쩐지 영남 사투리로 구수하게 이야기를 꺼냈다.

"아이고, 세상이라고 원, 맘을 놓고 살 수가 있어야지……."
하고 말대꾸를 청하는 듯이 그 마나님을 바라보았다.

권태에 싸인 근방 사람들의 시선은 새로운 자극을 탐내는 듯이 모두 그 부인에게로 모였다.

그 마나님은

"왜요?"
라고 간단히 말대꾸를 하였다.

(23행 삭제)
하고 그래도 곁눈으로 그 여학생을 바라보며 코를 벌심하였다.

그 마나님은 그의 하는 말에 감동이 되어 그를 장하게 보았던지 고개를 돌려 그를 바라보며

"어디까지 가시요?"
하고 물었다.

그 사내는 성났던 얼굴을 갑자기 고쳐 공손한 빛을 띠고 오히려 황송한 듯이

"예…… 저는 서울까지 갑니다……. 어디까지 가세요?"

하고 은근히 대답하고 묻기까지 하였다.

"나두 서울까지 가오……. 대전서 갈아타지요……."

"예……. 대전서 갈아타십니다……. 인제 이 다음이 논산, 연산, 두계, 가수원."

하고 손가락을 꼽아 헤다가,

"인제 넷밖에 안 남았습니다……."

그의 얼굴에는 만족의 빛이 완연히 떠올랐었다.

그의 욕망과 기대에 싸인 시선은 더욱 자주 그 여학생에게로 향하였다. 그 여학생도 호기심을 가지고 가끔 그를 바라보았다.

기차가 대전 정거장에 다 올 때가 되어 나는 먼저 앉았던 자리로 가서 짐을 챙겼다.

그 여학생은 나를 또 바라보았다. 나는 그의 시선을 피하고 나서 그대로 마주 바라보지 못한 것이 후회였었다.

그러나 어쩐지 그러할 때마다 그와 마주 바라보기가 계면쩍어 할 수 없이 내가 고개를 돌리는 것이었었다.

돌리고 나서 생각하면

'마주 얼마든지 바라보았다면?'

하는 궁금한 생각과 후회가 날 뿐이었었다.

차가 대전 정거장에 서자 그 마나님에게 부탁을 받은 그 사내는 아카보(짐꾼)를 불러 주기와 짐을 날라 주기에 매우 분주한 모양이었다.

그 마나님 —— 즉, 그 여학생의 급행권도 사 주고 경부선에 올라서는 자리도 골라 잡아 주는 그를 나는 더욱 유심히 바라보았다.

그는 그들의 자리를 잡아 주고 자기 자리도 그 가까운 곳으로 옮겨 갔다.

나는 그네와 딴 찻간에 탔었다.

내 옆에 빈 자리가 많은 것을 나는 그네를 위하여 퍽 안타까워했다.

나는 그네가 탄 찻간을 찾아가서 슬쩍 보았다.

그 사내는 잡아 놓은 자기 자리는 비워 놓고 그 마나님 옆으로 가까이 가서 친밀스러운 듯이 이야기를 하고 있었다.

나는 그 여학생을 바라보았다.

그는 나를 마주 보다가 먼저 시선을 돌렸다.

내 마음에는 그 시선이 퍽 차진 것 같고 도리어 그 사내에게로 향하는 시선이 따스한 듯하였다.

그 사내도 나를 바라보았다.

그의 시선과 얼굴에는 자기의 자랑과 나를 조롱하는 듯한 기운이 보이는 듯하였다.

나는 퍽 섭섭도 하고 노엽기도 하여 맥없이 내 자리로 돌아갔다.

내 자리로 돌아가서 그제야 꿈에서나 깬 듯이 얼음보다 찬 미소를 띠었다.

나는 어슬어슬 저물어 가는 저녁 해에 남대문 정거장의 혼잡한 개찰구를 빠져나와 조용한 한 구석에 가 서서 그 여학생과 사내의 가는 길을 보았다.

그 여학생은 그 사내보담 먼저 나와 그 마나님과 함께 인력거를 타고 남대문 안으로 향하여 들어갔다.

급히 나오던 그 사내는 인력거 뒤만 한참이나 바라보고 섰다가 그 중학생과 함께 중국 사람 마차를 타고 서대문 전찻길 난 곳으로 갔다. 나는 혼자 전차를 타고 용산으로 나갔다.

그 이튿날 나는 거리에서 그 사내를 또 만났다.

나는 입 안에 든 미소로 그에게 전암시를 주었다.

그 역시 빙그레 웃고 지나갔다.

쑥국새

1

왼편은 나무 한 그루 없이 보이느니, 무덤들만 다닥다닥 박혀 있는 잔디 벌판이, 빗밋이(비스듬히) 산발을 타고 올라간 공동 묘지.

바른편은 누르붉은 사석이 흉하게 드러난 못생긴 왜송이 듬성듬성 늘어붙은 산비탈. 이 사이를 좁다란 산협 소로가 고불고불 깔끄막져서 높다랗게 고개를 넘어갔다.

소복이 자란 길 옆의 풀숲으로 입하 지난 햇빛이 맑게 드리웠다. 풀 포기 군데군데 간드러진 제비꽃이 고개를 들고 섰다. 제비꽃은 자줏빛, 눈곱만씩한 괭이밥꽃은 노랗다.

하얀 무릇꽃도 한창이다. 대황도 꽃만은 곱다. 할미꽃은 다 늙게야 허리를 펴고 흰 머리털을 날린다.

구름이 지나가느라고 그늘이 한때 덮였다가 도로 밝아진다. 솔푸덕에서 놀란 꿩이 잘겁하게 울고 날아간다. 미력쇠는 이 경사 급한 깔끄막길을 무거운 나뭇짐에 눌려, 끙끙 어렵사리 올라가고 있다.

꾀는 없고 욕심만 많아, 마침 또 지난 장에 새로 벼려 온 곡괭이가 알심* 있이 손에 맞겠다, 한데 산림 간수한테 오기는 있어, 들키면 경을 치기는 매일반이라서, 들이닥치는 대로 철쭉 등걸이야 진달래 등걸이야 소나무 등걸이야 더러는 멀쩡한 옹근 솔까지 마구 작살을 낸 것이, 해 놓고 보니 필경 짐에 넘치는 것을 제 기운만 믿고 짊어진 것까지는 좋았으나, 산에서 내려오면서는 몇 번이고 앞으로 꼬부라질 뻔했고, 시방 이 길을 올라가는 데도 여간만 된 게 아니다. 게다가 사월의 긴긴 해에 한낮이 훨씬 겨워 거진 새때나 되었으니 안 먹은 점심이 시장하기까지 하다. 끙끙 힘을 쓰는 소리에 지게가 삐이득삐이득, 지게 밑에 매달린 밥 바구니가 다그락다그락, 서로 궁상맞게 대답을 한다.

중간에 한 번이나 두 번은 쉬었어야 할 것이지만, 고집이 그대로 떠받고 올라간다. 지게 밑으로 통통하니 알이 밴 새까만 두 다리가 퇴육살*이 불끈불끈 터지기라도 할 것 같다.

고개 마루턱에 겨우겨우 올라서자, 휘유 획 쟁그랍게 숨을 몰아 내쉬면서 한옆으로 나무지게를 받쳐 놓고 일어선다.

"작것이! 나는 저 때문에 이렇기……."

미럭쇠는 공동 묘지께를 힐끔 돌려다보고는, 두런두런 허리의 수건을 뽑아 땀 흐르는 얼굴을 쓱쓱 씻는다.

"……존 질루(길로) 편허게 갈 것두 이렇기 고생하는디……, 작것이!"

시원한 바람이 한 아름 고개 너머로 몰려든다. 바라다보이는 고개 밑은 또 하나 산이 가렸고, 그놈을 넘어서 오릿길을 가야 집이다.

미럭쇠는 웬만큼 땀을 들인 뒤에 지게 밑에서 밥 바구니를 떼어 뒷짐져 들고 어슬렁어슬렁 공동 묘지로 걸어간다. 할미꽃 터럭이 눈 날리듯 허옇게 넣여 날린다.

공동 묘지는 풀도 바스락 소리 않고 대낮이 밤처럼 조용하다.

---

* 알심 보기보다 야무진 힘.
* 퇴육살 사람의 몸에서 힘을 쓸 때 근육이 불거져 나오는 부분.

여새겨 찾지 않아도 저편 산 밑으로 치우쳐 외따로 있는 게 아내의 무덤이다. 아직 잔디가 뿌리를 못 잡아 까칠하고 뗏장과 뗏장 사이로는 검붉은 황토가 비죽비죽 비어져 나온다.

무덤 한 옆으로 먹 자국이 선명하게,

밀양박씨지묘

라고 쓴 말뚝이 섰다. 한편 쪽에는 다시,

무인 사월 이일

이라는 날짜를 썼다.

미럭쇠는 읽을 줄도 모르면서, 말뚝을 한참이나 들여다보다가 그 담에는 무덤을 한 바퀴 돈다. 뗏장도 벗겨진 데는 없고 구멍도 나지 않고 별일 없다.

한 바퀴 둘러보고 나서는 무덤 앞에다가 밥 바구니를 열고 숟갈을 꽂아 고여 놓는다. 밥이래야 뉘와 피가 절반이나 섞인 현미 싸라기밥, 한 옆으로 짠 무김치를 몇 쪽 덧들인 것뿐이다.

"처먹어라……. 너 생각허구서 배고픈 것두 안 먹구 애꼈다가 갖구 왔다!"

마치 산 사람한테 이야기하는듯 중얼거린다.

밥바구니를 고여 놓아 주고 운감하기를 기다리면서 멀거니 앞을 바라보고 앉아 한눈을 판다. 앞은 산 밑에서부터 훤하니 퍼져 나간 들판, 들판이 다다른 곳에는 암암한 먼 산이 그림 같다.

들 가운데 조그마한 산모퉁이를 지나 기차가 장난감같이 아물아물 기어간다.

미럭쇠는 넋을 잃은 듯, 손으로 잔디풀을 똑똑 뜯고 앉았는 동안 어느 결에 눈에는 눈물이 글썽글썽한다.

"작것이 왜 죽어 뻬릿어……. 가만히 있으면 갠찮얼 틴디……. 방정맞게 왜 죽어 뻬리어!…… 작것이!"

목멘 소리로 두런두런, 주먹을 들어다가 눈물을 씻는다.

2

바로 지나간 삼월 초생이었다.

미럭쇠가 논에 두엄을 져내다가, 점심 먹으러 오는 길인데, 동리 우물의 동청나무 울타리 뒤에서 점례가 해뜩해뜩 무슨 말을 하고 싶은 눈치로 웃고 섰다.

"너 이 가시내, 왜 날 보고 웃냐?"

"망할 년의 자식이네! 이년의 자식아, 내 이름이 가시내냐?"

"너 이 가시내, 날만 보머넌 주둥이 시어서 해룽해룽허지?"

"애개개! 참 내, 벨꼴 다 보겄네……!"

말로는 시뼈해도 속으로는 분명 아픈 자리를 건드렸던 것이다.

"……이년의 자식아, 내가 저 화상이 그리 좋아서? 아나, 옜다!"

"이 가시내야, 너 암만 그리두 네까짓 건 일없단다!".

"흥! 누구는 일 있다는디? 아이구, 구역질이 마구 나오네……! 저 꼴에 그리두 새말 납순이한티 반히였다지? 참 똥싼 주제에 매화타령허네!"

"이년의 가시내, 주둥이를 찢어 놀라! 내가 납순이한티 반했으니 네게 무슨 상관이여? 이년의 가시내!"

미럭쇠는 슬그머니 골이 나서 커다란 눈방울을 부라린다. 그러나 점례는 조금도 무서워하질 않는다.

"이년의 자식아, 누가 상관헌다냐?…… 그렇지만 되렌님! 속 좀 채리세유. 납순이한티는 암만 반히서 침을 지일질 흘리고 댕겨두 헛다방입니다요."

"걱정 말어, 이 가시내야……."

"닭 쫓던 강아지는 지붕이나 쳐다보지! 종수허구 죽자 사자허는 납순이헌티 저 혼자 반헌 저 화상은 무얼 쳐다볼랑고?"

"이 가시내야, 거짓말허면 호랭이가 물어간다!"

"미안허시겠네! 오널두 납순이는 취 뜯으러 간다구 건너와서, 뒷산으루 올라가구, 종수는 나무허러 가는 체 어실렁어실렁 뒤따라 갔답니다요……. 어떠냐? 헤쩍허지? 미이."

"참말이냐?"

"흥! 인제는 아숩지? ……몰라 몰라!"

점례는 싹 돌아서서 두레박질을 시이시한다.

"빌어먹을 놈의 가시내! 샘에나 퐁당 빠져 죽어라!"

미럭쇠는 내뱉으면서 흐느적흐느적 걸어간다. 걸어가면서 생각이다.

점례 가시내가 노상 거짓말은 아니고, 종수 자식이 워느니(워낙) 눈치가 수상하기는 수상했어! 그러니 그놈의 새끼한테 납순이를 뺏기고 만담? 내가 요만할 적부터 내 걸로 맡아 두었는데, 다 자란 뒤에 뺏겨! 사람이 화가 나서 살 수가 있나!

하기는 종수 자식이 나보다 얼굴이 밴조고롬하니 이쁘기는 이쁘겠다? 그거 원 참……!

미럭쇠는 귀주머니에서 동강난 거울 조각을 꺼내 들고 제 얼굴을 들여다본다. 넉가래로 푹 찌른 것처럼 가로 째진 입, 길바닥에 떨어진 쇠똥같이 지질펀펀한 코, 왕방울 같은 눈, 좁디좁은 이마, 부룩송아지* 대

---

* **부룩송아지** 아직 길들지 않은 송아지.

가리처럼 노란 머리터럭이 곱슬곱슬 자지러 붙은 대가리…… 등속. 미상불 제가 보아도 그다지 출 수는 없는 인물이다.

젠장맞을! 워느니 이 화상을 누가 좋아한담! 눈깔이 삔 점례 가시내가 진짜로 반해서 그 지랄이지. 원, 어쩌면 요렇게 빌어먹게 갖다가 만들어 놓더람! 가만 있자. 이게 우리 어머니 아버지 잘못이겠다? 옳아! 아버지는 죽었으니 할 수 없고, 어머니를 졸라야지. 아, 그래도 내가 기운은 세고, 또 사내 자식이 머 인물 뜯어먹고 사나? 빌어먹을 것, 들이대 본다…… 눈 멀뚱멀뚱 뜨고서 뺏겨……?

미럭쇠는 허둥지둥 집으로 달려들더니 저의 모친더러 시방 얼른 새말 납순네 집에 건너가서 혼인하자는 말을 하라고, 만일 납순이한테 장가를 못 가는 날이면 목을 매달고 죽는다고, 어머니가 나를 이렇게 못나게 낳아 놓았으니까 그 대신 꼭 납순이한테 장가를 들여 주어야 한다고, 마치 미친놈 날뛰듯 주워 섬기고서는 도로 부리나케 뒷산으로 올라간다.

온 산을 다 매고 다니던 끝에 으슥한 골짜구니의 양지바른 언덕 밑에서 둘이 나란히 누워 있는 종수와 납순이를 찾아냈다.

납순이는 질겁하게 놀라 달아나고, 그러나 저만치 가 서서 거취를 보고 있고, 종수는 여느 때 같으면 눈만 부릅떠도 비실비실 피하던 것이 오늘은 눈살이 팽팽해 가지고 아기똥하니 버티고 서서 있다. 미럭쇠는 그놈에 비위가 더 상했다.

"너 이놈의 새끼!"

미럭쇠는 눈을 불근불근, 그 잘난 코를 벌씸벌씸 내리 으깨어 버릴 듯이 종수 앞으로 바싹 다가선다.

"그리서?"

말소리며 몸은 떨려도 종수의 대답은 다구지다*.

＊다구지다 '다부지다'의 경남·전남 사투리.

"아 요것 보게!"

"왜? 어찌서 그리여? 네가 무슨 상관이여?"

"왜 상관이 없어? 내가 맡아 논 지집애를 늬가 왜 건디려? 그리두 상
관이 없어?"

"머, 밭두덕의 개똥참외더냐? 맡아 놓구 어쩌구 허게? 그녀러 자식,
생긴 것허구 넉살두 좋네!"

"아, 요년의 새끼가……!"

말로는 암만해야 달리고, 미럭쇠는 종수의 멱살을 움켜쥔다. 실상 진
작에 그럴 것이었다. 종수도 마주 멱살을 잡는다.

"그리여? 어찌여?"

"요, 싹둥머리 없는 놈의 새끼! 사알살 돌아다니면서 남의 집 지집애
나 바람맞히구……. 죽어 봐!"

와락 잡아 낚는데, 종수는 휘둘리면서도,

"웬 상관이여? 내가 니 늬미를 후려냈더냐? 니 할미를 후려냈더냐?"
고 입은 끄은히 놀린다. 그러나 그 말이 떨어지기 전에 둘이는 어우러
져 뒹군다.

말은 없고 잠시 동안 식식거리면서 엎치락뒤치락했지만, 악으로 덤
빈 종수는 다 같은 스물한 살배기 장정이라도 미럭쇠의 황소 같은 힘을
당해 내는 수가 없었다.

미럭쇠는 종수의 배를 타고 앉아서 주먹으로 가슴패기를 짓찧는다.

"요놈의 새끼, 다시두?"

"오냐, 헐 대루 히여라!"

"요것이 그리두 산소리*여!"

미럭쇠는 종수의 목을 내리누른다. 종수는 캐캐, 눈을 헤번덕헤번덕

---

* 산소리 어려운 가운데서도 속은 살아서 남에게 굽히지 않으려고 하는 말.

얼굴에 푸른 핏대가 선다. 그러자 마침 그 때다. 등 뒤에서 작대기가 딱 하더니 미럭쇠의 정수리를 보기 좋게 후려갈긴다.

"아이쿠!"

미럭쇠는 정신이 아찔해서 앞으로 넘어지려 하는데, 재우쳐 한 번 더 딱 내리갈긴다.

미럭쇠는 그대로 정신을 놓고 쓰러지고, 납순이는 달려들어 종수의 손목을 잡아 일으켜 가지고 달아난다.

3

납순네는 계집애가 못된 종수 녀석과 좋지 않은 소문을 퍼뜨리고 다니는 참이라 걱정을 하던 판에, 청혼을 하니까 마침 좋다고 납채* 삼십 원에 선뜻 혼인을 승낙했다. 미럭쇠네는 작년에 저의 부친이 제 장가 밑천으로 장만해 놓고 죽은 송아지가 중소나 된 것을 오십 원에 팔고, 또 양돼지 새끼 여섯 마리를 삼십 원에 팔고 해서 납채 삼십 원을 보내고 나머지 오십 원으로 혼인을 치렀다. 그게 바로 미럭쇠가 납순이한테 작대기를 맞던 날부터 겨우 열흘 만이다.

혼인을 한 첫날밤. 미럭쇠는 달리느라고 맞은 발바닥이 아파서 절름절름 신방으로 들어온다. 생전 처음으로 촛불이 환하니 켜져 있는 신방에는 불보다 더 환하게 연지 찍고 곤지 찍고 분단장한 신부 납순이가 소곳하니 앉아 있다.

미럭쇠는 가뜩이나 큰 입이 귀 밑까지 째져, 느긋해라고 한참이나 웃고 섰다가 신부 앞에 가서 털썩 주저앉는다.

"히히, 작것! 네가 작대기루 날 때렸지?"

---

* 납채(納采) 신랑 집에서 신부 집에 혼인을 구하는 의례.

납순이는 마치 눈이 오려는 겨울날처럼 새촘해서 눈을 아래로 내리깔고 눈썹 한 개도 까딱 않는다.

"그 때 혼났다 야!…… 원, 그렇기두 사정없이 때린단 말이냐? 히히."

"……."

"그리두 나는 늬가 이뻐서 이렇기 네한티루 장개를 가잖었냐? 그렇지? 히히히."

"……."

"그러닝개루……."

미럭쇠는 납순이의 두 손을 덥석 쥔다. 그 손은 얼음같이 찼다.

"……너두 그전 일은 죄다 잊어 뻬리구서, 인제버텀은 우리 각시닝게루, 응? 내 말 잘 듣고 그리라, 응?"

이렇게 첫날밤은 지냈다. 미럭쇠는 노염이 다 풀려서 이제는 종수를 죽이지 않는다고 말을 냈고, 그래서 종수는 며칠 만에 도로 동네로 돌아왔고, 납순이는 그대로 까딱없이 눈 오려는 겨울날처럼 새촘한 채 그날 그날을 보내고. 그리한 지 보름이 되는 어느 날 석양.

미럭쇠가 등 너머 봄보리밭에 소매를 져내고 있노라니까, 난데없이 점례가 미럭쇠, 미럭쇠, 불러 대면서 헐레벌떡 달려오고 있었다.

미럭쇠는 웬일인지 가슴이 서늘해서 밭두둑으로 나오는데 점례는 가빠하는 체하고 쓰러질 듯 팔에 가 매달린다.

"저어……."

"왜 그리여?"

"저어, 시방 오다가 어머니더러두 일러 주었어……."

"무얼?"

"저어, 납순이가……."

"납순이가!……"

"내가 망을 보닝개루……."

"그리서?"

"종수가……."

"종수가……!"

"응, 종수허구 납순이허구, 방으루……."

"멋?"

미럭쇠는 점례를 떠다박지르고 소처럼 내리뛴다. 등을 넘어서자, 이녀언 이년, 모친의 계목 지르는 소리가 들린다.

단걸음에 사립문 안으로 들어서는데, 모친은 납순이의 머리채를 감아쥐고 마당 가운데서 이리저리 개 끌듯 끌어 동댕이를 치고 있다. 조그마한 보따리가 한편으로 굴러져 있다.

"어서 오니라……."

노파는 더욱 기광이 나서 허덕허덕 들렌다*.

"……이년이, 이년이 대낮에, 응 …… 대낮에 그러구서……. 그러구서 두 그놈허구 도망을 갈라구 보따리를 싸구…… 이년! 이 찢어 죽일 년!"

미럭쇠는 잡아먹을 듯 험한 얼굴을 휘휘 두르다가 토방으로 우르르, 절굿공이*를 집어 들고 납순이에게로 달려든다.

"이년을!"

방아 찧듯 절굿공이를 번쩍 쳐들어, 단번에 골통을 칵 내리 바수려는 순간, 납순이와 딱 눈이 마주친다. 그것은 미럭쇠 제가 이뻐하는 납순이의 얼굴, 마주 말끄러미 올려다보는 그 눈이 어떻게도 액색한지* 그만 눈물이 날 것 같았다.

"퍽."

---

* 들레다 야단스럽게 떠들다.
* 절굿공이 절구에 넣은 곡식을 찧은 공이.
* 액색하다 운수가 막혀 생활이나 행색 따위가 군색하다.

절구와 절굿공이

내리치는 절굿공이에 애매하게시리 굳은 마당 바닥이 움푹 팬다.

"이년을 이렇기 쳐죽일 참인디······. 가만있자······."

미럭쇠는 절굿공이를 내던지고 허둥지둥 둘러본다.

"이놈은? 이년허구 한티다가 묶어 놓구서 한꺼번에 놈년을 쳐죽여야 헐 틴디이······. 놈을 잡아와야지 이놈을······. 어머니! 그년 놓치지 말구 꼭 붙들구 있수······. 내 이놈마저 잡아 갖구 올티닝개루······."

이르고는 쭈르르 사립문께로 달려 나간다. 사립문 밖에서는 동리 아이들이 진을 치고 구경을 하다가 양편으로 좍 길을 터 준다.

점례가 마침 배슥이 웃고 서서 눈을 찌긋찌긋한다. 미럭쇠는 짐짓 제 몸뚱이로 점례를 칵 떠받아 ── 그것은 방금 납순이를 절굿공이로 내리 찧으려던 옹심과 꼭 같았다. ── 그렇게 죽어라고 떠 받아 나동그라뜨리고서 횡하니 뛰어간다.

종수를 잡는다고 선불 맞은 범처럼 뛰어나간 미럭쇠는 그 길로 용머리의 술집으로 가서 밤이 늦도록 술을 먹고, 그대로 쓰러져 잤다.

이튿날 새벽에야 철럭거리고 집으로 돌아온 미럭쇠는 납순이가 부엌 서까래에 목을 매고 늘어진 시체를 제 손으로 풀어 내려놓아야 했다.

노파가 밤새도록 붙들고 지키다가, 새벽녘에 잠깐 잠이 든 사이에 납순이는 빠져나가서 그 거조를 냈던* 것이다. 서방 미럭쇠가 돌아오는 날이면 맞아 죽고 말 것, 가령 죽지 않는다고 하더라도 병신이 될 만치 얻어맞을 것, 그리고서도 평생을 맘 없이 매달려 살아야 할 테니, 차라리 진작 죽는 것만 못하다고 그래 자결을 하고 만 것이다.

"그 년을 꼭 내 손으로 쳐 죽일랬더니, 에잉, 분히여!"

미럭쇠는 동리 사람들이 모여 섰는 데서 이렇게 장담을 하고 못내 분해하는 체했다. 눈물까지 쏟아졌다. 모두들 분해서 그러는 줄만 알았

---

* **거조를 내다** 무엇을 처리하거나 꾸미거나 하기 위한 조치를 취하다.

176 채만식

지, 미럭쇠의 정말 슬픈 심정은 알아채지 못했다.

4

아내 납순이의 무덤 옆에 넋을 놓고 앉았던 미럭쇠는 이윽고 정신이 들어 무덤으로 고개를 돌린다. 숟갈을 꽂아 괴어 놓은 밥 바구니에는 어디서 날아왔는지 파리가 서너 마리나 엉기었다.

"쪼깨 먹었냐?"

미럭쇠는 중얼거리면서 밥 바구니를 집어 든다.

"물이 없는디. 목 마쳐서 어쩌꺼나!"

마디지게 한숨을 내쉰다.

"작것이 왜 죽어 삐리여……! 가만히 있으면 갠찬헐 틴디. …… 방정 맞게 왜 죽어 삐리여! ……작것이!"

두런두런, 눈물을 찔끔찔끔, 밥 바구니를 차고 앉아서 숟갈을 뽑아 든다.

"꼬시레!"

조금 떠서 앞으로 던지고, 또 한 번은 뒤로 던지면서,

"꼬시레!"

양편 옆으로 한 번씩,

"꼬시레!"

"꼬시레!"

골고루 고사를 한다.

할 때에 마침 등 뒤의 산허리께서,

"쑥꾸욱."

"쑥꾸욱."

쑥꾹새(뻐꾹새) 우는 소리가 들린다.

미럭쇠는 막 밥을 먹으려던 숟갈을 멈추고 끌리듯 고개를 돌린다.

"쑥꾸욱."

"쑥꾸욱."

형체는 안 보이고 울음소리만 들린다.

"쑥꾸욱."

"쑥 쑥꾸욱."

산을 돌아 넘어가는지 소리가 감감하니 멀어 간다.

미럭쇠는 옛 이야기가 생각이 났다.

며느리가 해산을 했는데 야속한 시어미가 미역국을 안 끓여 주고 쑥국만 끓여 주었다. 며느리는 피가 걷히지 않고 속이 쓰리다 못해 삼칠일 만에 그만 죽었다.

그 며느리가 죽어 혼이 새가 되었는데, 쑥국에 원한이 잦아져 그래서 밤낮 쑥꾸욱 쑥꾸욱 운다고 한다.

"우리 납순이는 죽어서 무엇이 되었으꼬? 쑥꾹새나 되었으머는 우는
소리나 듣지!"

미럭쇠는 우두커니 쑥꾹새 우는 곳을 바라보다가 소스라쳐 한숨을 내쉰다.

"쑥꾸욱."

"쑥 쑥꾸욱."

마지막 소리가 아스란히 들리더니, 그 다음은 잠잠하다. 미럭쇠는 밥 먹기도 잊고 도로 넋이 나가서 우두커니 앉아 있다.

용동댁의 경우

　열어젖힌 건넌방 앞문 안으로 소곳이 고개를 숙이고 앉아, 용동댁은 한참 바느질이 자지러졌다.

　마당에는 중복의 한낮 겨운 불볕이 기승으로 내리쬐고 있다. 폭양에 너울을 쓴 호박 넝쿨이 얼기설기 섶 울타리를 덮은 울타리 너머로 중동 가린 앞산이 윗도리만 멀찍이 넘겨다보인다. 바른편으로 마당 귀퉁이에 늙은 살구나무가 한 그루, 벌써 잎에는 누런 기운이 돈다. 바람이 깜박 자고 그 숱한 잎사귀가 하나도 까딱도 않는다.

　집은 안팎이 텅하니 비어 어디서 바스락 소리도 들리지 않는다. 집 뒤의 골목길이고 집 앞의 한길이고 사람 하나 지나가는 기척도 없다. 이웃도 모두 빈집같이 조용만 하다.

　보기에도 답답하고, 마치 세상이 가다가 말고서 끄윽 잠겨 움직이지 않는 성싶게 하품이 절로 나오는 여름날 오후의 정적이다.

　그 정적이 너무 지나치게 과해서 도리어 신경이 저절로 놀랐음이리라. 용동댁은 골몰했던 바느질 손을 문득 멈추고 소스라쳐 한숨을 몰아

쉬면서 고개를 든다.

이런 때에 모친이 옆에 있다가라도 보든지 하면, 젊은 홀어미의 청승맞은 한숨이라고, 그 끝에 자기따나 딸의 신세를 여겨 눈물을 찔끔찔끔하곤 하지만, 사실이 또 청상 과수로서 한숨이 없는 바 아니기는 하지만, 그러나 그렇다고 용동댁인들 무슨 주야장천 과부 한탄이요 숨결마다 그 한숨으로 세월을 보내는 것은 아니다.

사람이란 건 일에 잠착하던 끝이면 무심중에 한숨이 나와지기도 하는 것, 그와 마찬가지로 시방 용동댁도 한숨을 내쉬기는 했어도 오히려 아무 생각하는 것이 없이 방심한 채로 우두커니 한눈을 팔고 있는 것이다. 단조하고 동요가 없는 주위의 풍물이나 무섭게 조용한 침정 그 속으로 녹아 들어가는 듯 용동댁은 아무 생각도 없이 소리도 안 내고, 그린 듯 언제까지고 그렇게 앉아 있었을는지 모른다. 그런 것을 돌연한 한 개의 음향이, 음향이라지만 그리 대단한 것도 아니요,

뜸 뜸 뜸.

앞논에서 코머거리 소리로 우는 뜸부기의 소린데, 그놈이 여지껏 끄윽 잠기어 움칫도 않던 주위와 사람을 한꺼번에 갖다가 하잘것없이 잡아 흔들어 놓는다.

뜸부기 소리에 퍼뜩 정신이 들었을 뿐 아니라 긴히 생각키는 게 있어 용동댁은 고개를 훨씬 쳐들고 이리저리 마당을 둘러본다. 둘러보아도 찾는 것이 눈에 띄지를 않으니까 이번에는 바느질을 내려놓고 부리나케 마루로 해서 마당으로 내려선다.

"고고오 고고, 고고오 고고."

근처에 어디 있었으면 고고오 한 마디 부르기가 무섭게

꼭 꼭 꼭.

대답을 하면서 쪼르르 달려왔을 닭 —— 닭이래야 달랑 한 마리밖에 없는 흰 암탉이 아무 데도 보이지도 않고 나오지도 않는다.

"고고오 고고, 고고오 고고."

처음보다 좀더 크게, 그리고 완구히 역정스럽게 닭을 부른다. 그러나 종시 반응은 없다.

용동댁은 제일에 따가운 햇볕을 견뎌 내지 못해 토방으로 올라와서 마룻전에 가 퍼근히 걸터앉는다.

두 번째에 부르던 목소리도 그러했지만 얼굴에도 분명한 역정스러움이 드러난다.

닭이 이웃집의 장닭을 따라간 줄 이내 짐작했고 그것을 자기도 모르게 괘씸해 하는 속성이던 것이다.

이 암탉이 이웃집의 장닭을 따라 난질을 간 것을 미워하는 자기의 마음을 용동댁이 만약 의식했다면 그는 스스로 얼굴이 붉었을 것이지만, 그러나 아직 거기까지에 주의가 미치진 못했었다.

자웅지지 않은 암탉 한 마리, 그것은 무던히 희한스런 곡절이 있는 생명이었었다.

이 정 생원네 집, 그러니까 용동댁의 친정은 선비의 집안이기는 하지만, 또 농사래야 밭 몇 떼기와 논 열 마지기를 고지 주어 지어서 그 소출로 근근 일 년 제량이나 하는 터라 여느 농사하는 집과 좀 다르기야 하지만, 그래도 촌살림이요 아깝게 버리는 쌀뜨물이며 겨하며 솥글겅이며 흘린 곡식하며가 노상 없는 바 아니니, 개 도야지와 닭 같은 것을 쳤어야 오히려 촌가다웁게 섭섭지 않았을 것이다.

그런 것을 이 집안은 언제부터 난 말인지는 몰라도 집 터전이 세다든가 무어라든가 해서 개 도야지며 닭이며 하는 짐승을 쳐도 잘 되지 않는다는 것이다. 가령 도야지는 먹이면 앙금발이가 지거나 병이 들어 죽고, 개는 기르면 비루를 먹거나 미쳐 버리고, 또 닭은 치면 살기나 도둑고양이가 물어다 먹거나 콧병이 나서 죽어 버리고…….

아닌게아니라, 그 전자의 몇 차례 소경사로 보면 그러한 일이 통히 없던 것도 아니어서 개 도야지며 닭을 치는 족족 재미를 보지 못한 게 사실은 사실이다.

　그러해서 사오 년 이 쪽은 강아지 새끼 한 마리도 얻어다가 기르지를 않는 참인데 허나, 집터가 세네 상극이 졌네 하는 것은 결국 우연을 당연으로 여겨 버리려는 한낱 구실이요, 실상인즉 이 집안 식구가 식구래야 많지도 않지만 누구 없이 그러한 것에는 정성과 마음을 들일 경황들이 없기 때문이라고 해야 옳은 말이리라.

　첫째, 이 집의 대주 정 생원인데, 그가 요새 세상에서는 거진 다 없어지고 구경하기도 힘드는 옛 선비여서 닭이 알로 까는 것인지 새끼로 낳는 것인지조차 모르는 사람이요, 게다가 중년 이후로는, 올해 나이 근 육십이니 이십 년 가까이, 남의 집 훈장질을 하느라고 시방도 삼십여 리 상거의 인읍에 나가 학장 노릇을 하고 있으면서 집에는 한 달에 한 번이나 다니러 올까말까, 월량푼이나 생기면 잔 가용에 보태 쓰라고 얼마간 집에 띄워 보내고는 나머지를 가지고 글장하는 친구들과 어울려 술이나 마시고 풍월이나 하기로 온갖 낙을 삼는 터, 또 그러한데 다가 최근 사오 년 이 쪽은 자식이래야 둘도 없는 딸 —— 용동댁 —— 이 상부를 한 것으로 가뜩이나 마음이 울적하여 집안의 살림은커녕 세상 만사에 도무지 흥을 잊은 사람이 되고 말았다.

　그렇기 때문에 가령 한 달에 한 번이고 혹은 두 달에 한 번이고 집에를 다니러 오더라도 모를 심었느냐, 김을 매었느냐, 금년 소출이 얼마나 되느냐, 하는 등 살림 형편은 통히 아는 체할 줄을 모르고, 또 외손자 태진이를 몹시 귀애하기는 하면서도, 아, 저놈이 밥 반찬이 어설플 텐데 거 닭이라도 몇 마리 놓아서 알을 받아 끼니 때에 쪄 주질 않느냐는 등속의 농가집 가장다운 신칙을 할 주변성이 없는 영감이다.

　그 다음, 용동댁의 모친인데, 바깥 대주 정 생원이 그 지경으로 범연해서 살림 아는 체를 안 하니까 자기가 안팎을 겸한 집안의 주장이 돼 가지고, 할 수 없이 농사일이며 기타 범절을 대강대강 처리해 나가기는 하지만, 그저 마지못해 하는 노릇이지 하나도 정성은 들이는 게 없고, 더구나 자작소롬한 일에는 생각조차 하고 싶어하질 않는다.

젊어서부터도 촌 살림에는 능난치 못한 여인이었는데, 딸이 홀몸이 되어 버리자 마치 하늘이라도 무너진 듯 넋이 나가서 만사에 뜻이 없고 한 탓이기도 하지만 역시 천품의 소치도 없지 않아, 가령 딸이 젊은 과수의 몸으로 와서 있곤 하여 밤저녁으로 집안이 유난히 허전한 것 같아 하기는 하면서도, 번연히 거기 어디 동넷집에 푹 쌔는 강아지 새끼나마 한 마리 얻어다 길러서 짖는 소리라도 들리게 하려고(누룽지가 아까운 것은 둘째로 치고서 말이다.) 그만 것을 섬뻑 엄두를 내려고 하질 않는 솜씨다.

그리고서는 어쩌면 자기가 과부나 된 이상으로, 그저 자나깨나 그렇지 않아도 안질로 육장 지척지척한 눈에 눈물이 질끔질끔 딸의 신세 탄식, 그러다가 지치면 동네로 빙 마을 다니기…….

그 다음이 또 하나 힘든 어른이라는 게 용동댁인데, 열일곱 나던 이월에 이웃 솔메라는 동네의 같은 선비네 집, 같은 동갑한테로 시집을 갔었다.

시집을 가자 바로 얼마 안 되어서 태기가 있어 가지고 이듬해 여름에 시방 데리고 있는 아들 태진이를 낳았다.

그저 애기 둘이서 애기 하나를 낳아 놓은 것이지만 오히려 손자며 외손자가 늦다고 걱정까지 하던 암사돈 수사돈 두 사돈집에서는 다 같이 경사로워했었다.

용동댁은 그래서 시집의 귀여움을 받았을 뿐 아니라 본시 시집 인심이 각박하지를 않았고 또 새서방과는 비둘기 한 쌍처럼 금실이 있어, 말하자면 어느 모로 보든지 팔자가 좋은 편이라고 할 수 있었다.

하나 그것은 잠깐 몇 해요, 스물네 살 때 남편을 달칵 여의고 말았다. 문자 그대로 청상 과수, 그러니 시집의 인심이 너그럽다든가, 일찌감치 옥동자를 낳아서 시부모의 더한 귀염을 받았다든가, 더욱이나 남편과 의초가 좋았다든가 하는 것은 아무것도 남은 게 없고, 일장의 꿈이 아니면 아득한 전설의 사실로서 단지 기억이나 처져 있을 뿐이요, 눈앞의 현실은 마음 붙일 곳도 마땅히 몸담아 둘 곳도 없는 아이 데린 새파란 과부로 나가떨어졌을 따름이다.

이래 사 년이 지났다.

그 동안 용동댁은 친정에도 와서 있다가 시집에도 가서 있다가, 작년 늦은 여름부터는 이 곳 친정 집에서 이내 일 년쯤이나 비교적 오래 한 군데 붙어 있는 참이다.

그러나 그렇다고 아주 시집과는 인연을 끊고서 영영 친정 집에 몸을 담가 두자는 생각이더냐 하면 그도 아니요, 부지중 그만큼 오래게 된 것인데…….

여자란 건 어려서는 부모에게 매여 살고, 자라서는 남편에게 매여 살고, 늙어서는 자식에게 매여 살고 하는 것이라고 한다.

독립해서 세상을 살아갈 능력이 없는 낡은 가정의 여자에게 꽤 맞는 말이요, 용동댁도 하릴없이 그러할 여인인데, 하나 이미 장성은 해서 부모에게 매여 살 시절은 지났고, 그런데 몸과 마음을 맡기고 거기 붙어 살아갈 남편은 죽어 없고, 또 그런데 자식은 아직 어리기도 하거니와 내 자신도 너무 젊어 늙은이들처럼 자식한테 의지해 여생을 보낼 경우도 되지를 못하고…….

그러니 용동댁 같은 여자에게는 어려서는 부모에게, 장성해서는 남편에게, 늙어서는 자식에게 의지를 해서 살도록 그것이 생활의 진리요 인생된 운명이었다고 하면 시방 청춘에 어린 자식을 데리고서 과부가 된 그는 하릴없이 인생을 잃어버렸고 생활로부터 둥둥 떴다고 볼 수밖에 없는 처지다.

아니, 볼 수밖엔 없는 것이 아니라 사실이 그러하다.

남편을 여의고 나서 한 일 년쯤은 그새와 다름없이 착실한 새댁 노릇을 했었다. 침선 같은 것을 직책으로 맡아 해낸다든가, 시부모를 받든다든가, 손아래의 시아재와 어린 아들 태진이의 뒤치다꺼리를 한다든가, 조금도 내색을 안 내고 말치레 없고 소리 없는 시집살이를 곧잘 했었다. 그러나 그것은 겉으로만 그렇게 전과 다름이 없었지 마음은 하나도 내키지 않는 노릇이요, 신명도 물론 나지 않고 재미도 붙지 않았다.

한 말로 말하자면 마음이 떴던 것이다.

물론 과부가 마음이 떴다고 하면 첩경 남편 그리움을 의미하는 것이겠는데, 엄나 실상 용동댁은 그런 것이 아니요, 무슨 그다지 몸부림이나 오두가 나게시리 남편을 아쉬워하진 않는다.

하기야 정다웠던 애정이며 가고 없는 남편의 환영이 추억되고 안타깝게 그립지 않다는 것은 도리어 빈 말이겠지만, 그러나 이것과 저것과는 생리적으로 계통이 다른 물건이라, 용동댁은 삼십 과부가 아니었고 이십 과부이었기 때문에 그야말로 바람이 날 지경은 아니고, 어느 편이냐 하면 차라리 담담한 편이라고 할 수가 있다. 적어도 아직은 그러했다. 간혹 가다가 몸은 젊은데 자식은 어리고 해서 그것이 더러 생각하면 딱하기도 하고 막막하기도 하기는 했지만, 그역 일시일시 그러하다가 말지 눈썹이 타 들어오도록 다급하게 걱정이 되지는 않았고 따라서 그로 인해 마음이 뜨는 것도 아니었었다.

그렇지만 분명 마음이 뜨기는 떴고 그게 정체가 매우 막연해서 당자 자신이나 혹은 주위의 근친이 바로 알아 내지 못하는 것인데, 생활의 중심 …… 이 생활의 중심을 갖지 못한 게 진실로 갖은 조화를 다 부리던 것이다. 생활의 중심을 갖지 못한 젊은 과부는 물 위에서 떠도는 기름 방울 같아 마음도 몸도 질정해 어디다가 건사할 바를 모르는 게 정

가라고 …….

일 년 동안 남편 없는 시집살이를 그처럼 마음 없이 해 오다가 영영 신산하기만 하니까, 이래 보았으면 좀 나을까 하고서 친정에를 와서 몇 달지간 지냈다.

그러나 친정 역시, 시집 식구들이 죄다 남 같아 내 몸이 거기에 함께 섭쓸리지 않듯이 친정 부모가 또한 남처럼 데면데면한 것만 같고, 일을 해도 시집에서와 일반으로 마지못해 손에 잡기는 하나 마음은 건성이고 해서 바라고 왔던 친정살이도 재미라고는 꼬투리도 얻어 해 보질 못했다.

다시 시집으로나 가서 있으면 나을까 하고 석 달 만에 돌아갔고, 갔으나 도로 일반이고……, 그래 또 얼마 만에는 친정으로 와 보고……. 이렇게 하기를 그새 몇 번 되풀이하느라 사 년 동안의 과부살이를 아무튼지 넘기기는 무사히……, 진실로 무사히! 넘긴 셈이다.

그 동안에 한 가지 특별한 일이 있었다고 하자면, 재작년 봄에 아들 태진이가 보통 학교에 입학을 한 것이겠고, 그러나 그것 역시 학교가 마침 좋게 친정 집과 시집의 중간쯤에 있었기 때문에 아들을 데리고 친정과 시집으로 오면가면 지내는 데 별반 구애가 되지는 않았었다.

그처럼 마음이 뜨고 몸조차 뜬 용동댁이니 더구나 친정에서고 시집에서고 마지못할 침선이나 집안 식구네의 뒷시중 이외에는 알뜰살뜰히 살림에 맛을 붙일 정성이 날 수가 없는 처지어늘, 하물며 개 도야지를 친다든가 닭을 놓는다든가 등사에 재미를 들일 흥이 없을 게야 물론 말할 것도 없다.

이렇듯 마음 없고 경황 없는 사람들만이 억지로 끌려가듯 생활에 부지해 사는 이 집에 암탉이 달랑 한 마리 식구로 참례를 해서 어느 편으로 보면 극진한 대접과 동정을 받고 지낸다는 것이 일종의 기적이 아닐 수 없는데, 거기에 실로 야릇한 곡절이 얽혀져 있는 것이다.

지난 해 초가을, 그러니까 용동댁이 시집에서 이 곳 친정 집으로 맨 나중 번에 와서 있은 지 얼마 되지 않은 어느 날 오후였었다.

용동댁이 마루에 앉아서, 풋콩을 꺾어 온 것을 저녁밥에 두어 먹으려고 모친과 더불어 까고 있노라니까, 학교에 갔던 태진이가 사립문 밖에서부터 어머니이, 할머니이 불러 외치고 씨근버근 달려들더니, 불룩한 책가방 한쪽 고비에서 난데없는 병아리를, 그나마 한 마리도 아니요, 둘 셋 넷, 다섯, 다섯 마리나 주르르 털어 내놓고 있었다.

모두 계란만큼씩밖에 않고 하늘하늘한 노란 털이며 토실토실 이쁜게 바로 엊그제 깬 한배엣치들이요 마침 제철이 당한 서릿병아리다.

갑갑하게 갇혀 있다가 내놓아 주니까 제가끔 삐약삐약 울면서 제가끔 그 간드러진 다리로 이리저리 뿔뿔이 흩어져 달아나는 병아리를 이놈 잡아 오랴 저놈 못 가게 하랴, 태진이는 미처 이야기를 할 겨를도 없이 바빴고, 용동댁과 그 모친은 놀란 기색으로 콩 까던 손을 멈추고 앉아 잠깐 동안은 무어라고 말낼 바를 몰랐다.

"너 그건 어디서 났니, 응? 태진아!"

이윽고 용동댁이 나무라는 말조로 다잡아 묻는다.

아이가 지나다가 길 옆에 나와서 노는 것을 보고 재롱스러우니까 장난 삼아 잡아 가지고 온 것이나 아닌가, 그렇더라도 한 마리나 두 마리 같으면 모르지만 다섯 마리씩이나 잡아 오다께, 이렇게 지레짐작과 의혹이 들었던 것이다.

"이거? 응……"

태진이는 얼핏 돌려다보고는 도로 병아리들을 통제시키느라고

"……저어 내버린 것 얻어 왔어, 저어……"

하면서 대답은 건성이다.

"내버린 걸 얻어 오다께? 어디서 얻어?"

"아, 군청 옆에서 말이우!"

태진이는 성가시다고 내쏘는데, 그만하면 짐작할 수가 있고 마음이 뇌었다.

군에서는 인공 부화기를 설비해 두고서 춘추로 계통 좋은 알을 깨어서 농회원들에게 나누어 주는데, 깬 병아리 가운데 병이 들었다든지 발가락 같은 것이 상했다든지 한 놈은 죄다 추어 내버리곤 해서 그놈을 아이들이 얻어 오는 수가 더러 있었다.

미상불 태진이가 시방 얻어 온 다섯 마리도 네 마리는 저마다 발가락이 오그라붙었거나 부러진 놈이요, 한 마리는 쪼속쪼속 조는 게 병이 들어 보였다.

만사에 뜻이 없는 노인과 생활을 잃어버린 젊은 과부와 철없고 무류한 소년과 이 세 식구밖에 없던 흥 없는 집안에 내력이야 어찌 됐든지 또 미물이기는 할 값에 아무려나 다섯 개의 새로운 권솔이 갑자기 참여를 했으니 위선 주의와 재미의 대상이 되기에 족했다.

병아리들은 방에서 사람들과 같이 놀고 자고 밥상에서 흘리는 밥알과, 더러 소년 태진이가 병아리들을 끔찍이 위하는 것은 말할 것도 없고, 용동댁이며 그 모친도 고놈들이 방 아무 데나 똥을 싸고 밥상에를 뛰어오르고 하는 것을 싫어하지 않았다.

그것은 태진이의 소중한 노리개요 동무라는 때문이기만은 아니다.

집터가 세니 상극이 졌으니 하는 구실로 개 도야지며 닭 같은 것을 칠 마음의 여유가 없기는 했었지만, 막상 어떻게 되었거나 병아리가 몇 마리 생겨 몸 가까이 두고서 길러 보니까는 삐약삐약 우는 소리하며 뛰어다니고 눈에 알찐거리는 형상하며가 적지않은 심심파적일 뿐더러 겸하여 태진이가 학교로부터 돌아와 오후와 밤으로 병아리로 더불어 놀곤 하면은 가끔가끔 생각지 않은 웃음과 이야깃거리를 빚어 주곤 해서 더욱이나 좋았던 것이다.

병아리는 얻어 온 지 이레 만엔가 그 중 병이 들어 원기가 없던 놈이 마침내 죽었고, 다시 열흘쯤 돼서는 태진이가 잘못 한 마리를 밟아 죽였고, 또 며칠 있다가는 쥐가 한 마리를 물어 갔고 해서 다섯 마리를 얻어 온 것이 두 마리가 남고 말았다. 한 마리 한 마리 없어질 적마다 태진이와 또 용동댁이며 그 모친의 섭섭함은 대단했었다.

그러나 수의 많고 적은 데 낙의 대소가 달릴 성질의 것이 아닌지라 두 마리만 남았어도 위안과 재밋거리에 부족함은 없었다.

그 가을이 가고 겨울도 섣달 정월로 깊자, 병아리는 완구히 자라 제법 중닭 푼수나 되었고, 한데 더욱 희한한 것은 단 두 마리뿐인 병아리가 같은 암놈이나 같은 수놈이 아니고 한 마리는 수놈, 한 마리는 암놈 이렇게 자웅이 맞은 한 쌍이었던 것이다.

빛깔은 자웅이 다 같이 하얗고 레그혼인데 수놈은 바른편 뒷발톱이, 암놈은 왼편 가운뎃발톱 한 토막이 각기 병신이나, 물론 그것만은 그리 흠될 것도 없었다.

이듬해, 그러니까 바로 올 오월에는 암탉이 첫 알을 낳았다. 당자들인 닭 내외가 얼마큼이나 기뻐했는지 그것은 모르겠으되 오히려 놀랐기가 십상이요, 태진이가 신기해서 알을 쥐고 날뛰며 좋아한 것은 말할 것도 없거니와 용동댁과 그 모친은 마치 아들이나 시집간 딸이 첫아이를 난 것처럼 신통해하고 반가워했었다.

이 때는 닭의 내외가 그전에 벌써 집 모퉁이에 얽은 저희네 둥우리로 분가를 했을 때였지만, 첫 알을 난 그 날 저녁밥은 특별히 방으로 불려 들어와서 미역국 대신 새하얀 입쌀의 대접을 배불리 받았다. 하기야 분가를 했어도 그들은 어릴 적의 흉허물 없던 그 버릇 그대로 아무 때고 방이며 마루에 올라와서 밥상의 밥을 쪼아 먹고 함부로 똥을 누고 어른 아이 할 것 없이 품에 안기고 어깨에 올라가고 하기를 조금도 꺼려하지 않았으니까 첫 알을 낳았다고 방으로 불려 들어왔다거나 하얀 입쌀을 대접받은 그것이 새삼스러운 것은 아니다.

그 뒤로부터 태진이의 벤토에는 달걀을 삶아서 저며 둔 반찬이 별반 끊이지 않았고 닭의 내외에게는 전과 다름없이 호강과 평화가 계속되었다.

그러던 것이 행복과 평화가 영원한 저희 것은 아니었던지 뜻하지 못한 비극이 마침내 빚어지고 말았다.

여름이 한창 성해 오는 칠월 초생의 어느 날 밤이었었다.

이슥해서 식구들이 모두 곤히 잠들었을 땐데, 별안간 꼬꾸댁꼬꾸댁 닭의 놀라 외치는 소리가 고요하던 밤에 요란히 들렸다.

세 식구가 일제히 놀라 깨어, 그러나 살기인 줄을 짐작하고 와락 닭의 우리께로 달려가지 못하고서 소리소리 고함만 치노라니까 그 때는 벌써 사나운 짐승에게 물려 가노라고 꼬옥꼬옥, 죽음의 비명이 뒷산으로 향해 차차로 멀어 갔었다.

비로소 불을 해 잡고 닭의 둥우리를 살펴보니, 물려간 것은 장닭이요 암탉은 한편 구석에 가서 숨도 쉬지 못하는 양 떨고(?) 있었다.

암탉을 방으로 안고 들어와서 태진이는 어엉엉 울었다. 마치 초상난 집처럼 노인도 추렷해 혀를 차쌓면서 가엾다고 눈물을 질끔질끔했다.

그리고 그 중에 아무 말도 않고 울지도 않는 용동댁의 가슴 아파함은 아들이나 모친의 슬퍼함에 비길 바가 아니었었다.

그는 참혹히 살기의 밥이 된 장닭을 불쌍해 하지 않음은 아니나, 그 가엾은 암탉 —— 홀어미가 된 암탉 —— 에서 지극한 슬픔을 느꼈던 것이다.

"어서들 자거라. 그리 된 걸 생각하니 소용 있느냐……."

노인이 위로 겸 단념하듯 중얼거리면서 자리에 누웠다.

"……이 집 터전이 그렇대두! 닭을 노면은 병들어 죽거나 짐생 입에 닿구…… 개 도야지를 치면은 미치거나 앙금발이가 지구……. 원, 무슨 짝의 집터가 그렇게 두 센지!"

그러나 노인의 뒤삐어진 집 터전에 대한 불평쯤 쓸데없는 그느름이요 태진이에게나 용동댁에게나 조금도 위로거리가 되지를 못했다.

　　그 뒤에 곧 읍내의 장에 들어가는 동네 인편에라도 부탁을 해서 장닭을 사다가 다시 자웅을 맞춰 주었어야만 그 동안 그대도록 닭을 사랑하던 정의 도리였을 것이다.

　　그러나 노인으로 말하면 애초에 닭 같은 것은 놀 경황이 없었던 것을 이왕 생겨서 심심치 않으니까 그런대로 마음을 한 가닥 거기 붙였던 것이나, 암탉이 혼자요 혼자 내놓았다가 잃어버리면 잃어버렸지 와락 서둘러 없는 돈을 마련한다, 장닭을 사 온다 하게까지는 까맣게 내키지 않는 노릇이었었다.

　　태진이는 물론 이웃이나 동네의 장닭에게 닭을 빼앗길까 보아 하루바삐 장닭을 사 놓고 싶어서 모친을 조르곤 하지만 제 재주로 사 올 수는 없었다.

　　용동댁도 닭을 —— 사람 하나 몫만큼이나 소중하고 정이 도타운 그를 —— 잃어버린다는 것은 생각만 해도 앞이 아찔한 노릇일 뿐 아니라, 닭의 외로운 신세가 가슴 아프게 측은하고 해서 부디 장닭을 사 놓아 주고 싶었다. 또 그렇게 하기는 할 요량이었다.

　　그러나 그는, 인제 쉬이 그렇게 하기는 할 터로되 다만 그 동안 조금만 더 닭을 과부인 채로 두어 두고서 그것을 불쌍해하고 살뜰히 귀애를 하고 이걸 하고가 싶었다.

　　장닭을 사다가 새로 자웅을 맞춰 주어, 그래서 암탉의 외로움과 불행이 씻은 듯이 스러져…… 이렇게 되기 전에 며칠만이라도 좋으니 그를 가엾고 불쌍한 그대로 두어 두고서 그의 불쌍함을 맘껏 불쌍해 주고 그의 고적함을 실컷 위로해 주고 싶은 용동댁의 간절한 심정…….

　　용동댁은 장닭 사 오기를 미룸미룸 미뤄 나갔다.

　　노인은 그것저것 아로새기지를 안 했지만 태진이는 매일같이 조르는 것을 돈이 없다는 핑계로 한 장 두 장 자꾸만 미뤄 나갔다.

돈만 있으면 장닭을 한 마리 사 오기만 하면 닭은 과부가 되었어도 곧 짝이 채워진다는 것, 이 평범하고도 알기 쉬운 사실에 퍼뜩 자극을 받아, 용동댁은 과부가 된 지 사 년 만에야 비로소 자기 자신이 장차 팔자를 고치느냐 하는 것을 가지고 골똘히 생각을 해 보았다.

그러나 닭의 일처럼 만만한 게 아니고, 용동댁의 소견을 가지고는 암만 생각을 해 보아야 시원한 대답을 얻을 수가 없었다. 가령 개가를 간다고 하면 제일 첫째, 아들 태진이를 대체 어떻게 하느냐? 두고 가자니 정을 차마 어찌 끊으며 그렇다고 데리고 간다면 의붓자식일지니 더욱 못할 노릇이다.

또 가면 대체 누구한테로 가느냐.

이미 헌 몸뚱이니 남의 조강지처는 바랄 수 없고 다직해야 막지기 아니면 첩인걸, 그게 또한 못 당할 일이요, 황차 막지기나 첩이란 건 자칫 잘못하면(남을 두고 보아도) 이손 저손으로 넘어가기 쉬운데, 영영 신세를 망치기 십상이 아니냐.

그리고 또 시집이며 친척 —— 모친은 모른 체할 테지만 부친은 부녀지간의 의를 끊을 테니 그 말림을 부등부등 어기고서 갈 수도 없는 것이 아니냐?

그러나 그것이고 저것이고 죄다 뜻대로 되고 말썽이 없고 해서 개가를 할 수 있다고 하더라도 그 마당에 이르러 섬뻑 나서겠다는 보짱*이 위선 시방 있느냐? 있을 성부르지도 않고, 되려 죽으면 죽었지 어떻게 시집을 갈꼬? 하는 공포가 앞을 서곤 한다.

이렇게 두루 생각하면 도저히 팔자를 고칠 수는 없을 것만 같다. 더

---

* 보짱 꿋꿋하게 가지는 생각. 속으로 품은 요량.

구나 여읜 남편의 면영이며 그의 알뜰하던 정을 돌이켜 생각하면 어떤 깨끗한 자랑을 더럽히는 노릇 같아, 차마 딴 남자를 맞이하는 게 매우 옳지 않은 짓이거니 싶어진다.

하니, 그러면 이대로 수절을 하고 늙겠느냔데, 그것을 생각할 때는 또한 무거운 짐을 지고서 높은 고개 밑에 다다른 것처럼 아득하니 위가 올려다보여 그것 역시 겁이 더럭 나던 것이다.

그래 생각만 골똘히 했었지 좌우 양단간에, 가령 행동은 인제 종차의 일이라고 하더라도, 마음에나마 결단을 지은 게 있어야 할 텐데 그대로 아무 소득이 없고 말았다.

실상인즉 그 결단은 아무려나 서 있어야 할 것이었었다.

가령 팔자를 고친다고 작정을 했으면 생활의 방향을 모두 그리로 틀어 놓고 나아갈 것이고. 또 수절을 하기로 작정을 했으면 늙발에 걱정이 없을 염량을 차려야 할 것이고. 친정 집이 비록 가난은 하다지만 밭 뙈기와 논이 열 마지기는 있겠다, 한데 그만 가산일망정 장차 다른 데로 갈 바 없으니 여자에게는 한 밑천이 되지 않진 않는다.

또 시집은 친정 집보다도 좀더 유족하니까 비빌 언덕이 넉넉하다.

그러니까 친정이면 친정, 시집이면 시집 어디든지 가서 마음과 몸을 가라앉혀 가지고 치산*을 하는 것이다.

한푼껏 없는 과부도 손수 적지 않은 가산을 장만한 예가 하고많다. 하니 그만큼 기댈 거리가 있으면야 그다지 어려울 것은 없을 테다.

가령 큰 돈을 모으지는 못한다고 하더라도 거기에 마음 잠착을 할 수 있으니 그게 어디며, 또 수절을 할 바이면 오직 하나 믿을 것은 아들 태진이니 그를 충실히 교육시킬 준비를 하는 게 무엇보다도 긴한 일이다.

이렇게 해서 무엇에서고 생활을 발견하거드면 그리 해야만 그새까지

---

* 치산(治産) 집안 살림살이를 잘 다스리는 것. 가업에 힘쓰는 것. 재산을 관리·처분하는 것.

떴던 마음은 절로 안정이 될 수가 있는 것이다.

그러한 것을, 좀처럼 강단을 내지 못하는 소치는, 거기 어디 많이 볼 수 있는 구태의 젊은 여인들과 일반으로 용동댁도 독립할 줄을 모르는 영원한 애기 —— 어려서는 부모에게, 장성해서는 남편에게, 늙어서는 자식에게, 그 때마다 매여서만 살도록 마련된 때문이지 별다른 게 아닐 것이다.

과부가 된 암탉은 과부만 되었을 뿐이지, 식구들의 전과 다름없는 가축과 또 용동댁의 한결 더 은근해진 동정이며 사랑을 받으면서 그날 그날을 보냈다.

알도 여전히 낳았고 또 식구들이 걱정하던 바와는 달리 이웃집의 장닭을 따라가지도 않았다. 아마 이웃집의 장닭이 미처 몰라서 후려 가지를 않는 것이리라.

한데 불행은 언제고 대기를 하고 있는 것인지 첫 번의 비극이 있은 지 한 달이 채 못 되어서 두 번째의 불행이 생겼다.

장마비가 축축이 오는 낮인데 방이 눅눅해서 용동댁이 건넌방 아궁에다가 보릿대로 불을 지피고 있노라니까 꼬옥꼬옥, 가느다랗게 닭의 신음 소리가 바로 앞에서 들려왔다. 닭이 아궁 속으로 들어간 줄을 대번 알아차린 용동댁은 가슴이 더럭 내려앉고 수각이 황망하여 허둥지둥 불을 긁어 내고 두드려 끄고, 통째로 아궁 속으로 기어 들어갈 듯 엎드려 굽어다 보면서 고고오고고, 닭을 불러 댔다.

분명 거기서 여전히 꼬옥꼬옥하기는 하는데 형체는 보이지 않는다. 긴 고무래를 찾아 가지고 와서 구들 속을 긁어 보았다.

그다지 깊이서 나는 소리도 아니거니와 긁어 내 보아야 닭은 긁혀 나오지도 않는다.

닭의 신음 소리는 점점 더 졸아들고 마음이 다뿍 급한 용동댁은 가슴이 울렁거리고 정신이 없어 어쩔 줄을 몰라 하다가 어느덧 이편의 흙으로 봉창을 한 구들에 눈이 띄었다.

그리로 주의가 가자마자 용동댁은 힝나케 달려가서 괭이를 들고 뛰어오더니 봉창한 구들을 파기 시작한다.

건넌방 아궁은 전에 솥을 걸었던 것을 부뚜막을 헐어 임시로 함실을 만드느라고 구들 세 골 중에 한 골만 남겨 놓고 양편의 두 골은 흙으로 봉창을 해 두었었다.

닭은 알자리가 없던 게 아니지만 어쩌다가 고양이가 얼찐거리든지 하면은 건넌방 아궁에다가 알을 낳곤 하는데, 그래 오늘도 알을 낳으려고 아궁으로 들어가 앉은 것을, 불을 지피니까 그걸 피해 속 깊이 들어간 것이, 그 다음에는 연기에 쫓겨 뚫린 대로 몰려 나간 것이, 썰골로 돌아 이편 봉창한 골 앞까지 나와서는 앞이 막히니까, 그런데 그 동안 벌써 연기는 실컷 들이켰것다, 그만 쓰러져서 죽어 가느라고 신음을 했던 것이다.

구들 막은 것을 파헤치고 꺼내 논 닭의 꼴은 매우 참담했다. 그 하야니 곱던 털이 연통장이가 돼 버렸고, 모가지와 죽지와 두 다리는 힘없이 추욱 처지고, 그래도 아직 숨은 붙어 있어 꼬로록꼬로록, 사람으로 치면 마치 담 끓는 소리와 같았다.

용동댁은 눈물이 뚜욱뚜욱, 어머니를 부르며 찾으며, 그러나 모친은 없었고, 물을 떠다가 닭의 입으로 흘려 넣는다, 부채질을 해 준다, 사뭇 날뛰면서 온갖 정성을 다 들였다.

용동댁의 정성도 보람이 없던 것은 아니지만 원체 연기를 그다지 오래도록 쐬진 않았기 때문에 한 삼십 분 지나니까는 펼쳐 누웠던 마루에서 발딱 일어서서 비틀거리고 걷기까지 했다.

아마 죽은 남편이 다시 살아났다고 하더라도 용동댁은 이보다 더는 반가워할 반가움이 없었을 것이다.

무사히 살아난 닭은 더 한층 용동댁의 동정과 사랑 속에서, 그러나 아직도 과부로 며칠을 더 지내 왔고, 그런데 역시 인간의 사랑만으로는 만족할 수가 없었던지 엊그제부터는 이웃집 장닭과 연애가 얼려졌고 오늘은 필경 그를 따라가기까지 했던 것이다.

이렇듯 그는 사람으로도 그다지 흔치 않을 곡절 많은 생애를 겪어 온 한 마리의 흰 암탉인 것이다.

용동댁은 더 불러야 오지도 않을 것이고 또 온다고 하더라도 밉살스럽기나 할 테라, 얼굴이 새침해서 그대로 마룻전에 가 걸터앉았는데 마침 태진이가 쌩이채를 둘러메고 얼굴이 빠알갛게 익어서 사립문으로 들어섰다.

"어머니, 어머니."

태진이는 휘휘 둘러보면서 마당을 달려 흙마루로 올라선다.

"……닭 어디 갔수?"

"모른다!"

용동댁의 대답 소리는 새침한 안색대로 뾰죽하다.

"이잉! 어디 갔어? 구구우 구구."

태진이는 돌아서서 마당으로 대고 닭을 부른다.

그 때다. 마치 그 소리에 응하기나 하는 듯이 이웃에서, 이웃도 바로 옆집이 아니고 한 집 더 건너, 엊그제부터 몽니 사납게* 생긴 장닭이 지붕을 타고 넘어와서는 암탉을 얼러 대곤 하던 그 장닭이 있는 집인데 무엇에 쫓기는지 닭이 화닥닥 풍기면서 질겁해 다급히 우짖는 소리가 들렸다. 태진이는 눈이 둥그레 가지고 저의 모친을 본다. 용동댁도 놀란다. 모자는 꼭 같이 같은 무엇을 직각했던 것이다. 우리 닭이나 아닌가? 하는 불길스런 예감이다.

---

* 몽니 사납다 몽니(음흉하고 심술궂게 욕심부리는 성질)가 매우 세다.

닭은 우짖던 소리에 뒤이어 꼬옥꼬옥 두어 마디 비명을 지르더니 도로 조용해졌다. 그 때에 태진이는 벌써 사립문께로 달려나가고 있었다.

용동댁은 아직도 아까부터 토라진 속이 가시진 않았으면서도 그러나 설레는 가슴으로 초조해 기다리노라니까, 미구에 태진이가 한 손으로 닭을 안고 한 손으로는 주먹으로 눈물을 씻으면서 사립문 안으로 들어섰다.

닭은 멀리서 보아도 왼편 다리가 허벅다리께서 피가 시뻘겋게 흰 터럭 위로 흐르고 힘없이 축 처진 게 보나 안 보나 개한테 물린 속이다.

"어머니! 이잉 이잉."

태진이는 저의 모친을 보더니 놀라워라고 소리를 내어 울면서 뒤를 힐끔힐끔 돌려다본다.

"……하준네 개가, 이잉 이잉, 이것 봐, 어머니, 어머니."

용동댁은 하준네라는 이웃집의 개를 분해해야 할지 그대로 닭을 미워해야 할지 모르겠고 눈만 더 샐룩해졌으나 필경 닭이 노엽고 말았다. 미운 것이 아니고, 저렇듯 피투성이가 된 것이 원망스러워 그래 노엽던 것이다.

"잘했다! 그 망할 닭이……."

쏘아붙이는 음성은 한결 더 쌀쌀하면서도 그러나 어디라 없이 풀기가 없다.

"이잉, 난 병원에 갈 테야. 가서 약 발르구 붕대루 매구 해 주어예지! 어머니 이잉, 어떻게 해! 이 피 봐. 어머니, 어머니, 어머니랑 병원에 가아."

"별소리를 다 듣겠구나! 달기 새끼 좀 상했다구 병원에 가는 놈두 있다더냐? 방정맞게 싸아다니다가 잘 꾸사니지 머……."

용동댁은 재우쳐 쏘아붙이고서 못 본 체 방으로 들어가 버린다.

태진이는 어찌할 줄을 몰라 닭을 안고 앉아 어엉엉 울다가 문득 울음

을 그치더니 토방바닥의 가루 흙을 쥐어다가 닭의 다리 상한 자리에 발라 주고 발라 주고 한다.

손을 베든지 해서 피가 나면 흙가루를 쥐어 바르면서

"흙하고 피하고 바꾸자, 흙하고 피하고 바꾸자."

하던 것을 생각해 냈던 것이다.

닭의 다리에 흙을 발라 주느라고 자지러져 있는 아들을 가만히 내다보면서 용동댁은 제발 닭이 다리가 병신도 되지 말고 물론 죽지도 말고 무사히 나았으면 하고 속으로 축원을 해 마지않는다.

그는 아까 태진이가 병원 소리를 내기 전에 자기도 병원 생각을 하기까지 했고, 시방도 마음 같아서는 단걸음에 병원으로 안겨 가지고 가고 싶은 생각이 간절했다.

그러나 자기 말대로 닭이 좀 상했다고 병원으로 안고 간대서야 남한테라도 욕을 먹을 짓일 뿐더러 태진이를 걷질러 나무란 끝이니 열없어서도* 차마 못한다. 아무튼지 낫기만 낫거드면 인제 오는 장에는 부디 장닭을 사다가 자웅을 맞춰 주려니, 그러자면 이따가라도 이웃에 나가서 돈을 한 오십 전이고 위선 취해다가 두려니, 이런 염량*까지 하면서 용동댁은 자주 토방의 동정을 살핀다.

흙가루를 발라 주어서 피가 멎었는지 소년은 닭을 두 손으로 안고 볼비빔을 하면서 무어라고 쏭알쏭알 닭과 이야기를 쏭알거린다. 용동댁은 어디 보자고, 이리로 안고 오라고 부르고 싶은 것을 겨우 참느라 내키지 않는 바느질을 집어든다.

주위는, 방금 일어났던 조그마한 풍파는 알지도 못한 듯 부레풀같이 찐더분한 침정이 도로 가득히 잠겨든다.

---

* 열없다 조금 겸연쩍고 부끄럽다.
* 염량(炎凉) 더위와 서늘함. 사리를 분별하는 슬기.

부록

작가와 작품 스터디 / 204

논술 가이드 / 206

〈베스트 논술 한국대표문학〉 목록 / 210

〈베스트 논술 한국대표문학〉에 실린 소설과 교과서 대조표 / 212

〈베스트 논술 한국대표문학〉에 실린 시와 교과서 대조표 / 214

〈베스트 논술 한국대표문학〉에 실린 시조 · 수필과 교과서 대조표/ 216

작가와 작품 스터디

● 채만식 (1902~1950)

채만식은 일제 강점기인 1902년에 전라 북도 옥구에서 상당한 부농의 아들로 태어났다. 그러나 일본인 지주와 자본가들에게 토지를 모두 빼앗겨, 그는 가난으로 얼룩진 젊은 시절을 보내야만 했다.

중앙 고보를 거쳐 일본 와세다 대학 영문과를 중퇴했으며, 대학 재학 시절에는 축구 선수로 활약하기도 했다. 귀국 후에는 〈동아 일보〉와 〈조선 일보〉의 기자가 되었다가, 1924년 단편 소설 〈세 길로〉가 〈조선 문단〉에 추천되면서 문단에 발을 들여 놓았다.

이후 희곡 〈사라지는 그림자〉, 단편 〈화물 자동차〉, 〈부촌〉과 같은 사회주의에 동조하는 경향의 작품을 발표했다. 그러나 1934년에 자전적인 소설 〈레디 메이드 인생〉을, 1935년에 〈인텔리와 빈대떡〉을 발표하면서 풍자성이 강한 사회 소설을 쓰기 시작했다.

35세 되던 1936년에 개성으로 옮겨가 생활 환경을 마련하고 본격적으로 글쓰기에 들어갔다. 이후 〈탁류〉, 〈태평 천하〉와 같은 역사 의식을 바탕으로 한 풍자적인 소설을 발표하여 중진 작가로서의 위치를 굳혔다.

그 밖의 주요 작품으로는 단편에 〈이런 남매〉, 〈해후〉, 〈돼지〉 등이 있고, 장편에 〈금의 정열〉, 〈배비장〉, 〈허생전〉, 희곡에 〈낙일〉, 〈가죽 버선〉 등 다수가 있다. 광복 후에도 〈여자의 일생〉, 〈옥랑사〉 등 뛰어난 작품을 많이 발표했다.

불운한 시대를 살아야 했던 채만식은 식민지라는 상황에서 발생하는 사회적 문제점들을 풍자적이고도 냉소적인 문체로 신랄하게 비판하고 있다. 그는 가장 개성 있는 문제 작가 가운데 한 사람으로 평가된다.

● **레디메이드 인생**　P는 고등 교육을 받고도 직업을 찾지 못해 전전하는 무직 인텔리이다. 그래서 아들만큼은 자기와 다른 삶을 살기를 바라는 마음에, 겨우 아홉 살밖에 되지 않은 아들 창선이를 인쇄소에 맡긴다. 인쇄소 밖으로 나오면서 "레디메이드 인생이 비로소 겨우 임자를 만나 팔리었구나." 하고, 대량 생산되어 팔리기를 기다리는 기성품이 자신의 처지와 비슷하다는 것을 빗댄 자조적인 말을 내뱉는다.

● **논 이야기**　한 생원네는 열세 마지기와 일곱 마지기의 두 자리 논이 있었으나, 열세 마지기 논은 군수에게 빼앗기고 일곱 마지기 논은 일본인에게 팔아 버려, 결국 빈털터리가 되었다. 그러다가 광복을 맞아 땅을 도로 찾게 되었다며 기뻐했으나, 한 생원의 멧갓은 제3의 조선인의 손에 넘어가고 말았다. 이 작품은 조선말, 일제 강점기, 광복 후라는 세 시대를 통해 여전히 가난의 굴레를 벗어나지 못하는 민중의 삶을 보여 주고 있다.

● **치숙**　'나'의 오촌 아저씨는 대학까지 나왔지만, 사회주의에 물들어 옥고를 치렀다. 한편, 일본인 밑에서 일하는 '나'는 무식하기는 하지만 착실하여 주인으로부터 인정도 받고 미래도 밝다. '나'는 일할 생각은 않고 빈둥거리기만 하는 어리석은 아저씨(치숙)를 비웃고, 아저씨 역시 나를 이해하지 못한다. 작가는 '나'의 눈을 통해 아저씨를 마음껏 조롱하면서도, 반면 일본인에게 길들여진 '나'의 모습을 비난하고 있다.

● **쑥국새**　미럭쇠는 삼십 원의 납채를 주고 그 동안 마음에 품어 왔던 납순과 드디어 혼례를 올렸다. 그러나 납순은 결혼하기 전부터 이미 종수와 사귀어 오던 터였다. 세 사람의 엇갈린 사랑은 결국 비극을 낳아, 납순은 목을 매어 자살하고 미럭쇠는 죽은 아내를 잊지 못해 괴로워한다. 작자는 여성적 비극의 세계에 깊은 공감과 연민의 정을 품고 있었는데, 이 작품 역시 그런 맥락에서 이해할 수 있을 것이다.

논술 가이드

〈레디메이드 인생〉과 관련된 다음 문제에 답하시오.

[문항 1]

(1) 〈레디메이드 인생〉에 나오는 '개밥의 도토리', '초상집의 주인 없는 개들', '레디메이드 인생'은 어떠한 사람들을 가리키는 말일까요?

---

(2) 이 작품 속에는 기발하고도 재미있는 비유와 상징의 표현이 많이 나옵니다. 다음과 같은 문장이 뜻하는 것은 무엇인지, 그 속에 감추어진 의미를 추측해 봅시다.

① (작가의 서술) 대원군은 한말의 '돈 키호테'였다. 그는 바가지를 쓰고 벼락을 막으려 하였다.

② (P의 방으로 들어온 친구 M이 던지는 말) 춘래불사춘일세(봄이 왔으나 봄 같지 않다).

③ (색주가에서) 잔은 사발만한데 술 주전자는 눈알만하다.

④ (색주가를 나온 P의 독백) 장님이 눈병 않는 사람더러 불쌍하다고 한 셈인가.

①
---
②
---
③
---
④

〈논 이야기〉의 한 대목입니다. 제시문을 읽고 다음 문제에 답하시오.

[문항 2]

남들이 가서 같이 만세를 부르자고 하였으나 한 생원은 조선이 독립이 되었다는 것이 별로 반가운 줄을 모르겠었다. 그저 덤덤할 뿐이었었다.

(중략)

독립?

신통할 것이 없었다.

독립이 되기로서니, 가난뱅이 농투성이가 별안간 나으리 주사 될 리 만무하였다.

(1) 한 생원이 사회와 국가에 대해 위의 글에서처럼 냉소적인 태도를 취하게 된 이유는 무엇인가요? 그리고 그의 태도를 올바르다고 할 수 있는지에 대해 생각해 봅시다.

----

(2) 현재 북한에서 토지는 개인의 소유가 아니라 국가의 것입니다. 만약에 이 토지를 개인에게 분배해야 하는 상황이 닥쳤다고 한다면, 한 생원의 생각처럼 이전 소유자에게 그것을 돌려 주는 것이 바람직할까요? 분쟁을 일으키지 않을 가장 현명한 분배 방법에 대한 자신의 의견을 서술해 봅시다.

〈치숙〉의 한 대목입니다. 제시문을 읽고 다음 문제에 답하시오.

[문항 3]

> 그리고 우리 다이쇼도 한 말이 있고 하니까 나는 내지인 규수한테로 장가를 들래요. 다이쇼가 다아 알아서 얌전한 자리를 골라 중매까지 서 준다고 그랬어요. 내지 여자가 참 좋지요.
>
> (중략)
>
> 그리고 내지 여자한테 장가만 드는 게 아니라 성명도 내지인 성명으로 갈고, 집도 내지인 집에서 살고, 옷도 내지 옷을 입고, 밥도 내지식으로 먹고, 아이들도 내지인 이름을 지어서 내지인 학교에 보내고…….
>
> 내지인 학교라야지 죄선 학교는 너절해서 아이들 버려 놓기나 꼭 알맞지요. 그리고 나도 죄선말은 싹 걷어치우고 국어(당시에는 일본어)만 쓰고요.
>
> 이렇게 다아 생활 법식부터도 내지인처럼 해야만 돈도 내지인처럼 잘 모으게 되거든요.

(1) 윗글은 올바른 인생을 살고 있다고 자부하는 '나'가 자신의 생각을 서술한 부분입니다. 그의 생각에서 드러난 문제점이 무엇인지 말해 봅시다.

----

(2) 채만식 문학의 대표적인 특징으로 '풍자'를 들 수 있습니다. 이 작품도 제목 〈치숙(어리석은 숙부)〉에서부터 반어법을 사용한 진한 풍자가 엿보입니다. 그 밖에 작품 속의 어떤 대목에서 작가의 풍자를 엿볼 수 있는지 찾아봅시다.

〈용동댁의 경우〉의 한 대목입니다. 제시문을 읽고 다음 문제에 답하시오.
[문항 4]

여자란 건 어려서는 부모에게 매여 살고, 자라서는 남편에게 매여 살고, 늙어서는 자식에게 매여 살고 하는 것이라고 한다.

독립해서 세상을 살아갈 능력이 없는 낡은 가정의 여자에게 꽤 맞는 말이요, 용동댁도 하릴없이 그러할 여인인데, 하나 이미 장성은 해서 부모에게 매여 살 시절은 지났고, 그런데 몸과 마음을 맡기고 거기 붙어 살아갈 남편은 죽어 없고, 또 그런데 자식은 아직 어리기도 하거니와 내 자신도 너무 젊어 늙은이들처럼 자식한테 의지해 여생을 보낼 경우도 되지를 못하고……

(1) 윗글은 근대 이전 우리 나라 여성들이 지켜야 했던 '세 가지 도리', 즉 '삼종지도'를 잘 나타낸 부분입니다. 여러분이 '삼종지도'에 반대하는 입장에 있다고 가정하고, 그것에 얽매여 있는 '용동댁'에게 충고의 편지를 써 봅시다.

----

(2) 이 작품 속에 나오는 '암탉'은 용동댁과 어떠한 공통점을 가지고 있는지 살펴봅시다. 또, 암탉을 바라보는 용동댁의 시선을 통해, 용동댁을 바라보는 작가의 시선이 어떠한지 짐작해 봅시다.

〈베스트 논술 한국대표문학〉(전60권) 목록

권별	작품	작가
1	무정 I	이광수
2	무정 II	이광수
3	무명 · 꿈 · 옥수수 · 할멈	이광수
4	감자 · 시골 황 서방 · 광화사 · 붉은 산 · 김연실전 외	김동인
5	발가락이 닮았다 · 왕부의 낙조 · 전제자 · 명문 외	김동인
6	배따라기 · 약한 자의 슬픔 · 광염 소나타 외	김동인
7	B사감과 러브레터 · 서투른 도적 · 술 권하는 사회 · 빈처 외	현진건
8	운수 좋은 날 · 까막잡기 · 연애의 청산 · 정조와 약가 외	현진건
9	벙어리 삼룡이 · 뽕 · 젊은이의 시절 · 행랑 자식 외	나도향
10	물레방아 · 꿈 · 계집 하인 · 별을 안거든 우지나 말 걸 외	나도향
11	상록수 I	심훈
12	상록수 II	심훈
13	탈춤 · 황공의 최후 / 적빈 · 꺼래이 · 혼명에서 외	심훈 / 백신애
14	태평 천하	채만식
15	레디메이드 인생 · 순공 있는 일요일 · 쑥국새 외	채만식
16	명일 · 미스터 방 · 민족의 죄인 · 병이 낫거든 외	채만식
17	동백꽃 · 산골 나그네 · 노다지 · 총각과 맹꽁이 외	김유정
18	금 따는 콩밭 · 봄봄 · 따라지 · 소낙비 · 만무방 외	김유정
19	백치 아다다 · 마부 · 병풍에 그린 닭이 · 신기루 외	계용묵
20	표본실의 청개구리 · 두 파산 · 이사 외 / 모범 경작생	염상섭 / 박영준
21	탈출기 · 홍염 · 고국 · 그믐밤 · 폭군 · 박돌의 죽음 외	최서해
22	메밀꽃 필 무렵 · 낙엽기 · 돈 · 석류 · 들 · 수탉 외	이효석
23	분녀 · 개살구 · 산 · 오리온과 능금 · 가을과 산양 외	이효석
24	무녀도 · 역마 · 까치 소리 · 화랑의 후예 · 등신불 외	김동리
25	하수도 공사 / 지맥 / 그 날의 햇빛은 · 갈가마귀 그 소리	박화성 / 최정희 / 손소희
26	지하촌 · 소금 · 원고료 이백 원 외 / 경희	강경애 / 나혜석
27	제3인간형 / 제일과 제일장 외 / 사랑 손님과 어머니 외	안수길 / 이무영 / 주요섭
28	날개 · 오감도 · 지주 회시 · 환시기 · 실화 · 권태 외	이상
29	봉별기 · 종생기 · 조춘점묘 · 지도의 암실 · 추등잡필	이상
30	화수분 외 / 김 강사와 T교수 · 창랑 정기 / 성황당	전영택 / 유진오 / 정비석

권별	작품	작가
31	민촌 / 해방 전후 · 달밤 외 / 과도기 · 강아지	이기영 / 이태준 / 한설야
32	소설가 구보씨의 일일 / 장삼이사 · 비오는 길 / 석공 조합 대표 / 낙동강 · 농촌 사람들 · 저기압	박태원 / 최명익 송영 / 조명희
33	모래톱 이야기 · 사하촌 외 / 갯마을 / 혈맥 / 전황당인보기	김정한 / 오영수 / 김영수 / 정한숙
34	바비도 외 / 요한 시집 / 젊은 느티나무 외 / 실비명 외	김성한 / 장용학 / 강신재 / 김이석
35	잉여 인간 / 불꽃 / 꺼삐딴 리 · 사수 / 연기된 재판	손창섭 / 선우휘 / 전광용 / 유주현
36	탈향 외 / 수난 이대 외 / 유예 / 오발탄 외 / 4월의 끝	이호철 / 하근찬 / 오상원 / 이범선 / 한수산
37	총독의 소리 / 유형의 땅 / 세례 요한의 돌	최인훈 / 조정래 / 정을병
38	어둠의 혼 / 개미귀신 / 무진 기행 · 서울 1964년 겨울 외	김원일 / 이외수 / 김승옥
39	뫼비우스의 띠 / 악령 / 식구 관촌 수필 / 기억 속의 들꽃 / 젊은 날의 초상	조세희 / 김주영 / 박범신 이문구 / 윤흥길 / 이문열
40	김소월 시집	김소월
41	윤동주 시집	윤동주
42	한용운 시집	한용운
43	한국 고전 시가와 수필	유리왕 외
44	한국 대표 수필선	김진섭 외
45	한국 대표 시조선	이규보 외
46	한국 대표 시선	최남선 외
47	혈의 누 · 모란봉	이인직
48	귀의 성	이인직
49	금수 회의록 · 공진회 / 추월색	안국선 / 최찬식
50	자유종 · 구마검 / 애국부인전 / 꿈하늘	이해조 / 장지연 / 신채호
51	삼국유사	일연
52	금오신화 / 홍길동전 / 임진록	김시습 / 허균 / 작자 미상
53	인현왕후전 / 계축일기	작자 미상
54	난중일기	이순신
55	흥부전 / 장화홍련전 / 토끼전 / 배비장전	작자 미상
56	춘향전 / 심청전 / 박씨전	작자 미상
57	구운몽 · 사씨 남정기	김만중
58	한중록	혜경궁 홍씨
59	열하일기	박지원
60	목민심서	정약용

〈베스트 논술 한국대표문학〉에 실린 소설과 교과서 대조표

* 〈베스트 논술 한국대표문학〉에 실린 소설과 현행 국어 · 문학 18종 교과서의 수록 내용을 비교 · 분석하였다.

● 초등 학교 교과서(국어)

> 금오신화, 구운몽, 심청전,
> 흥부전, 토끼전, 박씨전,
> 장화홍련전, 홍길동전

● 국정 교과서

작품	작가	교과목
고향	현진건	고등 학교 문법
동백꽃	김유정	중학교 국어 2-1, 중학교 국어 3-1
벙어리 삼룡이	나도향	중학교 국어 1-1
봄봄	김유정	고등 학교 국어(상)
사랑 손님과 어머니	주요섭	중학교 국어 2-1
오발탄	이범선	중학교 국어 3-1
운수 좋은 날	현진건	중학교 국어 3-1

● 고등 학교 문학 교과서

작품	작품	출판사
감자	김동인	교학, 지학, 디딤돌, 상문
갯마을	오영수	문원, 형설
고향	현진건	두산, 지학, 청문, 중앙, 교학, 문원, 민중, 블랙, 디딤돌
관촌 수필	이문구	지학, 문원, 블랙
광염 소나타	김동인	천재, 태성

금 따는 콩밭	김유정	중앙
금수회의록	안국선	지학, 문원, 블랙, 교학, 대한, 태성, 청문, 디딤돌
김 강사와 T교수	유진오	중앙
까마귀	이태준	민중
꺼삐딴 리	전광용	지학, 중앙, 두산, 블랙, 디딤돌, 천재, 케이스
날개	이상	문원, 교학, 중앙, 민중, 천재, 형설, 청문, 태성, 케이스
논 이야기	채만식	두산, 상문, 중앙, 교학
닳아지는 살들	이호철	천재, 청문
동백꽃	김유정	금성, 두산, 블랙, 교학, 상문, 중앙, 지학, 태성, 형설, 디딤돌, 케이스
두 파산	염상섭	문원, 상문, 천재, 교학
등신불	김동리	중앙, 두산
만무방	김유정	민중, 천재, 두산
메밀꽃 필 무렵	이효석	금성, 상문, 중앙, 교학, 문원, 민중, 블랙, 디딤돌, 지학, 청문, 천재, 케이스
모래톱 이야기	김정한	디딤돌, 교학, 문원
모범경작생	박영준	중앙
뫼비우스의 띠	조세희	두산, 블랙
무녀도	김동리	천재, 지학, 청문, 금성, 문원, 민중, 케이스

작품	작가	출판사
무정	이광수	디딤돌, 금성, 두산, 교학, 한교
무진기행	김승옥	두산, 천재, 태성, 교학, 문원, 민중, 케이스
바비도	김성한	민중, 상문
배따라기	김동인	상문, 형설, 중앙
벙어리 삼룡이	나도향	민중
복덕방	이태준	블랙, 교학
봄봄	김유정	디딤돌, 문원
붉은 산	김동인	중앙
B사감과 러브레터	현진건	교학
사랑 손님과 어머니	주요섭	중앙, 디딤돌, 민중, 상문
사수	전광용	두산
사하촌	김정한	중앙, 문원, 민중
산	이효석	문원, 형설
서울, 1964년 겨울	김승옥	문원, 블랙, 천재, 교학, 지학, 중앙
성황당	정비석	형설
소설가 구보씨의 일일	박태원	중앙, 천재, 교학, 대한, 형설, 문원, 민중
수난 이대	하근찬	교학, 지학, 중앙, 문원, 민중, 디딤돌, 케이스
애국부인전	장지연	지학, 한교
어둠의 혼	김원일	천재
역마	김동리	교학, 두산, 천재, 태성, 형설, 상문, 디딤돌

역사	김승옥	중앙
오발탄	이범선	교학, 중앙, 금성, 두산
요한 시집	장용학	교학
운수 좋은 날	현진건	금성, 문원, 천재, 지학, 민중, 두산, 디딤돌, 케이스
유예	오상원	블랙, 천재, 중앙, 교학, 디딤돌, 민중
자유종	이해조	지학, 한교
장삼이사	최명익	천재
전황당인보기	정한숙	중앙
젊은 날의 초상	이문열	지학
젊은 느티나무	강신재	블랙, 중앙, 문원, 상문
제일과 제일장	이무영	중앙
치숙	채만식	문원, 청문, 중앙, 민중, 상문, 케이스
탈출기	최서해	형설, 두산, 민중
탈향	이호철	케이스
태평 천하	채만식	지학, 금성, 블랙, 교학, 형설, 태성, 디딤돌
표본실의 청개구리	염상섭	금성
학마을 사람들	이범선	민중
할머니의 죽음	현진건	중앙
해방 전후	이태준	천재
혈의 누	이인직	천재, 금성, 민중, 교학, 태성, 청문
홍염	최서해	상문, 지학, 금성, 두산, 케이스
화수분	전영택	태성, 중앙, 디딤돌, 블랙

〈베스트 논술 한국대표문학〉에 실린 시와 교과서 대조표

* 〈베스트 논술 한국대표문학〉에 실린 시와 현행 국어 · 문학 18종 교과서의 수록 내용을 비교 · 분석하였다.

작품	작가	출판사
가는 길	김소월	지학, 블랙, 민중
가을의 기도	김현승	블랙
겨울 바다	김남조	지학
고향	백석	형설
국경의 밤	김동환	지학, 천재, 금성, 블랙, 태성
국화 옆에서	서정주	민중
귀천	천상병	지학, 디딤돌
귀촉도	서정주	지학
그 날이 오면	심훈	지학, 블랙, 교학, 중앙
그대들 돌아오시니	정지용	두산
그 먼 나라를 알으십니까	신석정	교학, 대한
껍데기는 가라	신동엽	지학, 천재, 금성, 블랙, 교학, 한교, 상문, 형설, 청문
꽃	김춘수	금성, 문원, 교학, 중앙, 형설
끝없는 강물이 흐르네	김영랑	디딤, 교학
나그네	박목월	천재, 블랙, 중앙, 한교
나룻배와 행인	한용운	문원, 블랙, 대한, 형설
남신의주 유동 박시봉방	백석	지학, 두산, 상문

작품	작가	출판사
남으로 창을 내겠소	김상용	지학, 한교, 상문
내 마음은	김동명	중앙, 상문
내 마음을 아실 이	김영랑	한교
농무	신경림	지학, 디딤, 금성, 블랙, 교학, 형설, 청문
누가 하늘을 보았다 하는가	신동엽	두산
눈길	고은	문원
님의 침묵	한용운	지학, 천재, 두산, 교학, 민중, 한교, 태성, 디딤돌
떠나가는 배	박용철	지학, 한교
머슴 대길이	고은	디딤돌, 천재
먼 후일	김소월	청문
모란이 피기까지는	김영랑	지학, 천재, 금성, 형설
목계 장터	신경림	문원, 한교, 청문
목마와 숙녀	박인환	민중
바다와 나비	김기림	금성, 블랙, 한교, 대한, 형설
바위	유치환	금성, 문원, 중앙, 한교
별 헤는 밤	윤동주	문원, 민중
봄은 간다	김억	한교, 교학
봄은 고양이로다	이장희	블랙

작품	작가	출판사
불놀이	주요한	금성, 형설
빼앗긴 들에도 봄은 오는가	이상화	지학, 천재, 문원, 블랙, 디딤돌, 중앙
산 너머 남촌에는	김동환	천재, 블랙, 민중
산유화	김소월	두산, 민중
살아 있는 것이 있다면	박인환	대한, 교학
살아 있는 날은	이해인	교학
생명의 서	유치환	한교, 대한
샤갈의 마을에 내리는 눈	김춘수	지학, 블랙, 태성
서시	윤동주	디딤돌, 민중
설일	김남조	교학
성묘	고은	교학
성북동 비둘기	김광섭	지학
쉽게 씌어진 시	윤동주	지학, 디딤돌, 중앙
승무	조지훈	지학, 디딤돌, 금성
알 수 없어요	한용운	중앙, 대한
어서 너는 오너라	박두진	디딤돌, 금성, 한교, 교학
오감도	이상	디딤돌, 대한
와사등	김광균	민중
우리가 물이 되어	강은교	지학, 문원, 교학, 형설, 청문, 디딤돌
우리 오빠의 화로	임화	디딤돌, 대한
울음이 타는 가을 강	박재삼	지학, 교학
자수	허영자	교학

작품	작가	출판사
자화상	노천명	민중
절정	이육사	지학, 천재, 금성, 두산, 문원, 블랙, 교학, 태성, 청문, 디딤돌
접동새	김소월	교학, 한교
조그만 사랑 노래	황동규	문원, 중앙
즐거운 편지	황동규	지학, 형설, 청문
진달래꽃	김소월	천재, 태성
청노루	박목월	지학, 문원, 상문
초토의 시 8	구상	지학, 천재, 두산, 상문, 태성
초혼	김소월	디딤돌, 금성, 문원
타는 목마름으로	김지하	디딤돌, 금성, 문원, 민중
풀	김수영	지학, 금성, 민중, 한교, 태성
프란츠 카프카	오규원	천재, 태성
피아노	전봉건	태성
해	박두진	두산, 블랙, 민중, 형설
해에게서 소년에게	최남선	지학, 천재, 금성, 두산, 문원, 민중, 한교, 대한, 형설, 태성, 청문, 디딤돌
향수	정지용	지학, 문원, 블랙, 교학, 한교, 상문, 청문, 디딤돌

〈베스트 논술 한국대표문학〉에 실린 시조와 교과서 대조표

* 〈베스트 논술 한국대표문학〉에 실린 시조와 현행 국어 · 문학 18종 교과서의 수록 내용을 비교 · 분석하였다.

작품	작가	출판사
가노라 삼각산아	김상헌	교학, 형설
가마귀 눈비 맞아	백팽년	교학
가마귀 싸우는 골에	정몽주 어머니	교학
강호 사시가	맹사성	디딤돌, 두산, 교학
고산구곡	이이	한교
공명을 즐겨 마라	김삼현	지학
구름이 무심탄 말이	이존오	천재
국화야 너난 어이	이정보	블랙
녹초 청강상에	서익	지학
농암가	이현보	민중
뉘라서 가마귀를	박효관	교학
님 그린 상사몽이	박효관	천재
대추볼 붉은 골에	황희	중앙
도산 십이곡	이황	디딤돌, 블랙, 민중, 형설, 태성
동짓달 기나긴 밤을	황진이	지학, 천재, 금성, 두산, 문원, 교학, 상문, 대한
마음이 어린후니	서경덕	지학, 금성, 블랙, 한교
말없는 청산이요	성혼	지학, 천재
방안에 혔는 촉불	이개	천재, 금성, 교학
백구야 말 물어보자	김천택	지학
백설이 자자진 골에	이색	지학
삭풍은 나무끝에	김종서	중앙, 형설
산촌에 눈이 오니	신흠	지학

작품	작가	출판사
삼동에 베옷 닙고	조식	지학, 형설
산인교 나린 물이	정도전	천재
수양산 바라보며	성삼문	천재, 교학
십년을 경영하여	송순	지학, 금성, 블랙, 중앙, 한교, 상문, 대한, 형설
어리고 성긴 매화	안민영	형설
어부사시사	윤선도	금성, 문원, 민중, 상문, 대한, 형설, 청문
오리의 짧은 다리	김구	청문
오백년 도읍지를	길재	블랙, 청문
오우가	윤선도	형설
이몸이 죽어가서	성삼문	지학, 두산, 민중, 대한, 형설
이시렴 부디 갈다	성종	지학
이화에 월백하고	이조년	디딤돌, 천재, 두산
이화우 흣뿌릴 제	계랑	한교
재너머 성권농 집에	정철	천재, 형설
천만리 머나먼 길에	왕방연	문원, 블랙
청산리 벽계수야	황진이	지학
추강에 밤이 드니	월산대군	천재, 금성, 민중
춘산에 눈녹인 바람	우탁	디딤돌
풍상이 섞어 친 날에	송순	지학, 청문
한손에 막대 잡고	우탁	금성
훈민가	정철	지학, 금성
흥망이 유수하니	원천석	천재, 중앙, 한교, 디딤돌, 대한

〈베스트 논술 한국대표문학〉에 실린 수필과 교과서 대조표

* 〈베스트 논술 한국대표문학〉에 실린 수필과 현행 국어·문학 18종 교과서의 수록 내용을 비교·분석하였다.

작품	작가	출판사
가난한 날의 행복	김소운	천재
가람 일기	이병기	지학
구두	계용묵	디딤돌, 문원, 상문, 대한
그믐달	나도향	블랙, 태성
꼴찌에게 보내는 갈채	박완서	태성
나무	이양하	상문
나무의 위의	이양하	문원, 태성
낭객의 신년 만필	신채호	두산, 블랙, 한교
딸깍발이	이희승	지학, 디딤돌, 청문
멋없는 세상 멋있는 사람	김태길	중앙
무궁화	이양하	디딤돌
백설부	김진섭	지학, 천재, 형설, 태성, 청문
생활인의 철학	김진섭	지학, 태성
수필	피천득	지학, 천재, 한교, 태성, 청문
수학이 모르는 지혜	김형석	청문
슬픔에 관하여	유달영	문원, 중앙
웃음설	양주동	교학, 태성
은전 한 닢	피천득	금성, 대한
이야기	피천득	지학, 청문
인생의 묘미	김소운	지학
지조론	조지훈	블랙, 한교
청춘 예찬	민태원	금성, 블랙
특급품	김소운	교학
폭포와 분수	이어령	지학, 블랙
피딴 문답	김소운	디딤돌, 금성, 한교
행복의 메타포	안병욱	교학
헐려 짓는 광화문	설의식	두산

베스트 논술 한국대표문학 **15**

레디메이드 인생 외

지은이 채만식
펴낸이 류성관
펴낸곳 SR&B(새로본닷컴)
주 소 서울특별시 마포구 망원동 463-2번지
전 화 02)333-5413
팩 스 02)333-5418
등 록 제10-2307호
인 쇄 만리 인쇄사